做账

快学快用实操笔记

韩坤珏◎著

電子工業出版社
Publishing House of Electronics Industry
北京・BEIJING

内 容 简 介

做账是大多数会计人员走上工作岗位后接触的第一项具体工作，这项工作不仅要求会计人员具备丰富的理论知识，而且要求他们拥有过硬的实践操作能力。

为了帮助那些对做账感兴趣、有志于从事会计工作的人更好地掌握与做账有关的知识和方法，本书从企业的主要经济业务入手，本着为实际工作服务的宗旨，为读者介绍了做账基础知识和做账业务实战，让读者能够学以致用。本书内容主要包括重新认识做账、做账基本功、建账、会计凭证、记账、算账、对账与结账、财务报表等。

总之，无论是想从零开始学习做账知识的初学者，还是已掌握做账技能，但想巩固相关知识的专业人士，都可以阅读本书。

图书在版编目（CIP）数据

做账：快学快用实操笔记 / 韩坤珏著. —北京：电子工业出版社，2021.4
ISBN 978-7-121-40842-7

Ⅰ. ①做… Ⅱ. ①韩… Ⅲ. ①会计方法 Ⅳ. ①F231

中国版本图书馆CIP数据核字（2021）第052304号

责任编辑：王陶然
印　　刷：三河市鑫金马印装有限公司
装　　订：三河市鑫金马印装有限公司
出版发行：电子工业出版社
　　　　　北京市海淀区万寿路173信箱　邮编 100036
开　　本：720×1000　1/16　印张：15.5　字数：260千字
版　　次：2021 年 4 月第 1 版
印　　次：2021 年 4 月第 1 次印刷
定　　价：55.00元

凡所购买电子工业出版社图书有缺损问题，请向购买书店调换。若书店售缺，请与本社发行部联系，联系及邮购电话：（010）88254888，88258888。

质量投诉请发邮件至 zlts@phei.com.cn，盗版侵权举报请发邮件至 dbqq@phei.com.cn。

本书咨询联系方式：（010）57565890，meidipub@phei.com.cn。

前言

做账是大多数会计人员走上工作岗位后接触的第一项具体工作，这项工作不仅要求会计人员具备丰富的理论知识，而且要求他们拥有过硬的实践操作能力。

为了帮助那些对做账感兴趣、有志于从事会计工作的人更好地掌握与做账有关的知识和方法，本书从企业的主要经济业务入手，本着为实际工作服务的宗旨，为读者介绍了做账基础知识和做账业务实战，让读者能够学以致用。本书具有新颖性、实操性、可读性三大特点。

1. 新颖性

本书融汇最新做账知识，精心向读者讲解做账入门技巧。本书以财政部2019年修订的《企业会计准则》及解释为依据，以近年来会计教学新成果为参考撰写而成。截至本书撰写完成之日（2020年7月），书中所涉及的政策和解释性文件均为当前最新版本。

2. 实操性

本书不仅介绍了与做账相关的知识和方法，还设置了“实操笔记”板块，包含许多思考题和练习题，以便帮助读者进行有针对性的复习，将知识掌握得更加牢固。此外，本书立足于实际工作，从实操的角度讲解与做账相关的知识和方法，这样有助于读者快速掌握并运用这些知识和方法。

3. 可读性

本书提供了大量结合会计人员日常工作的小案例，以向读者展示做账工作的日常工作场景，增添阅读趣味。另外，笔者还将“做账小课堂”这一板块穿插在每节正文中间，在视觉上提升可读性的同时还能帮助读者扩充知识储备。

从整体结构上看，本书以做账的整体流程为主线，系统地讲解了做账的整个过程。在讲解做账的整个过程时，笔者不仅介绍了做账的基础理论知识，而且结合实操方法向读者阐述做账各个环节的重点和要点。

本书包含两大部分，即理论篇和实操篇，共分为9章。其中，第1章至第2章为第一部分，主要介绍了做账基础知识，理论性强，内容包括重新认识做账和做账基本功，主要帮助读者掌握做账理论，夯实做账基础；第3章至第9章为第二部分，主要介绍了做账业务实战，是关于做账实操流程基本功的，专业性、技巧性、实操性强，内容包括建账、会计凭证、记账、算账、对账与结账、财务报表等，主要帮助读者提升做账实战能力。

本书由浅入深、通俗易懂地对做账的相关知识、方法进行了全面的介绍，是一本针对财务新手的做账工具书。笔者由衷地希望本书可以帮助读者朋友们从做账新手变成做账高手。如果通过学习本书内容，读者能够掌握做账基本技能，并胜任做账工作，笔者将感到不胜荣幸。当然，已经掌握做账基本技能的读者也可以将本书常备案头，以供查阅和复习。

随着经济的发展，各项财税政策也在不断发生变化，即便是经验丰富的会计人员，也只有不断地吸收新知识，才能跟上新形势。因此，想要做好做账工作，就要做好终身学习的准备。希望读者朋友们能够在学习中不断收获、不断进步！

在撰写本书的过程中，笔者参考了大量的同类书籍，并请教了诸多有经验的会计人员，不过即使如此，仍不能避免书中会出现纰漏，望广大读者朋友和会计工作从业者及时给予批评、指正。

理论篇：做账基础知识

实操篇：做账业务实战

第 4 章 会计凭证：为记账提供依据

第 5 章 记账：规范地登记账务

第 6 章 算账：弄清业务核算的奥秘

理论篇：
做账基础知识

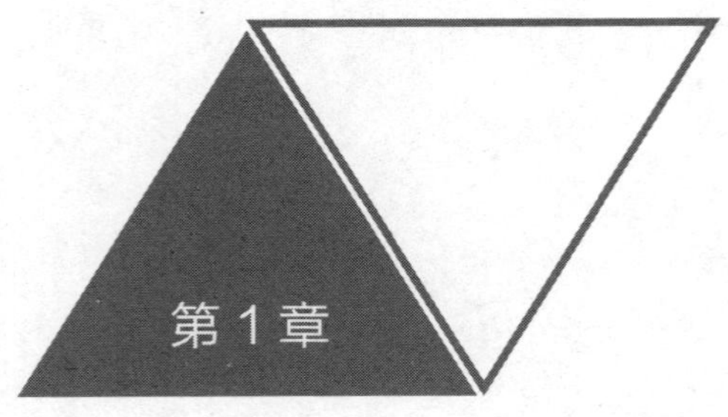

重新认识做账

做账要求会计人员具备一定的理论知识和实践经验。通常情况下，财务新手会有这些疑惑：什么是做账？手工做账和会计电算化有哪些异同？会计人员在平常工作中应遵守哪些规范？常见的做账误区有哪些？本章我们将带领大家解决这些问题。

♻ 1.1 什么是做账

毕业于会计专业的小王已在各大招聘会上奔波一个月了，可是仍然没有一家公司聘用他，这是因为他应聘的几家公司认为他虽然已掌握了基本的会计知识，但不熟悉做账的实际工作流程，且没有做账经验。如今，在实际的会计工作中，做账的内涵变得越来越丰富，下面就让我们一起来了解一下做账的基本概念和基本流程。

1.1.1 做账的基本概念

做账，又称会计实务，是指会计人员进行账务处理的过程。做账能力是会计人员必须具备的一项技能，这一点从会计类考试的科目中就能体现出来，例如，会计类考试将会计实务作为必考科目，分为初级、中级和高级，其考试的核心内容就是做账。

在实际的会计工作中，做账又被细分出建账、记账、算账、对账和结账等业务，并且根据行业的不同，这些业务在具体操作上也有所区别，因此，会计人员能否独立做账便决定了其业务能力是否合格。

在企业的生产活动中，由于中小企业的规模较小，其票据的使用量和资金流动量有限，因此很多老板认为没有做账的必要，但事实真的如此吗？其实不论企业规模的大小，企业是否开展业务，企业都有做账的必要，这主要体现在企业的管理和报税层面上。

1. 管理层面

从管理层面上看，企业的经营离不开做账和报税，只有进行了做账和报税的企业才是合法经营的企业。企业的做账与管理密不可分，这是因为账目能够反映企业的财务状况，管理者通过分析企业的财务状况来判断企业的经营情况，并及时发现问题。

2. 报税层面

根据企业报税的相关规定，任何税务都是建立在规范的财务核算基础上的。因此，会计人员要在遵守相关法律法规的前提下准确地核算进、销项税额，并及时进行纳税申报，这样不仅能帮助企业判断会计人员是否专业，还能帮助会计人员高效地完成报税工作。

做账既是企业合法、合规地进行生产经营活动的前提，也是企业报税工作中不可或缺的一环。企业如果在经营过程中不做账、不报税，那么就需要承担相应的法律责任。

做账小课堂

企业不做账、不报税的后果通常有以下几点：

①股东信用污点。企业股东的身份信息将被有关部门列入黑名单，且今后在借款、创业、出入境等方面都将受到限制。

②罚款。情节较轻的企业每月须缴纳200元以上的罚款，出现逾期情况的须额外缴纳滞纳金，情节严重的会加大处罚力度。

③吊销证照。税务登记机关将对该企业的税务登记证给予注销处理。

1.1.2 做账的基本流程

做账的基本流程如图 1-1 所示。

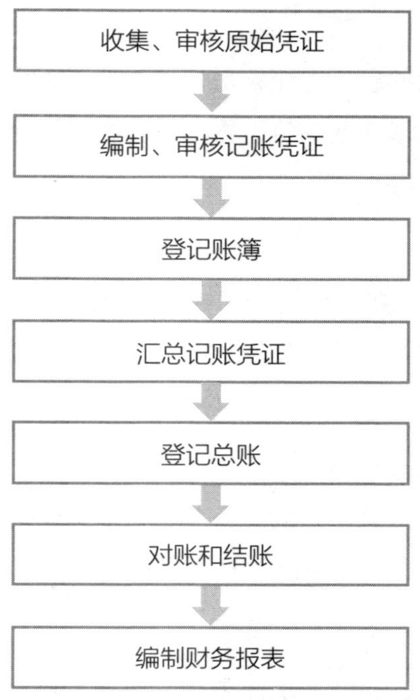

图 1-1 做账的基本流程

1. 收集、审核原始凭证

收集、审核原始凭证是做账的第一个环节。会计人员在拿到原始凭证后，首先要从以下三个方面来判断其是否符合规范：

①付款单位的名称，填制凭证的日期，经济业务的内容、数量、单位、金额等基本信息是否齐全；

②具体金额是否属实，书写是否规范，格式是否符合标准；

③是否有单位及个人的签字和盖章。

2. 编制、审核记账凭证

接下来，会计人员就可以根据原始凭证进行记账凭证的编制，即根据原始凭证的内容在记账凭证上填写相应的日期、金额、会计科目等内容。和原始凭证相同，会计人员在填写记账凭证时，一定要将信息填写齐全。记账凭证编制完成后，会计人员还要对其进行严格的审核，一旦出现错误，须按照相应的规定进行修改。

3. 登记账簿

当记账凭证通过审核后，会计人员接下来的工作就是登记账簿。会计人员要先按照时间顺序给记账凭证编号，再根据记账凭证上的会计科目，将信息逐笔登记到对应的账簿上。

4. 汇总记账凭证

这一环节主要是把记账凭证的会计科目和金额汇总到一起，汇总的顺序为：首先按照记账凭证上的编号进行排序；然后根据记账凭证上的科目进行分类；最后进行合计。

5. 登记总账

会计人员需要根据试算平衡的记账凭证汇总表来登记总账。和登记账簿不同，登记总账只涉及一级会计科目，并不涉及具体的细分项。

6. 对账和结账

在登记完总账之后，会计人员需要进行对账和结账。虽然在会计电算化实施的过程中，对账这一环节得到了有效的精简和优化，但只要是涉及手工做账的，对账环节是必不可少的。结账是指会计人员结算出一段时间内的发生额和余额，然后将余额结转下期或转入新账。

7. 编制财务报表

财务报表不仅是对会计工作的一个总体呈现，更是企业进行管理的重要参照。财务报表包括资产负债表、利润表、现金流量表、所有者权益变动表、账务报表附注五个部分。

关于做账的基本流程，本节只做如上简单的介绍，具体细节详见本书后文内容。

实操笔记

【单选题】下列选项中，不属于做账基本流程的是（ ）。

A. 收集、审核原始凭证　B. 编制、审核记账凭证

C. 登记账簿　D. 整理现金

答案：D

♻ 1.2 手工做账和会计电算化

在经过了漫长的求职过程后，毕业于会计专业的小王找到了与自己专业相符的工作。上班第一天，他兴冲冲地打开办公室的电脑，以为要在电脑上开始自己的工作，但他的领导给了他一本手工账簿和一支笔，让他从手工做账开始。小王非常不理解，现在会计电算化已经非常普及了，领导为什么还要他手工做账。看到这里，你是否和小王有着同样的疑惑：在会计电算化的大环境下，手工做账还有存在的必要吗？答案是肯定的。手工做账是一名会计人员必须掌握的技能。想要透彻地理解和掌握做账知识，就得先了解手工做账和会计电算化的概念及两者的异同。

1.2.1 手工做账和会计电算化的概念

会计是一个古老的行业，但随着时代的发展，会计行业正在不断地发生变化。电子信息化时代的到来让会计信息系统发生了巨大的变革，手工做账正在逐渐减少，更多的企业在会计电算化的道路上越走越远。虽然手工做账正在逐渐被取代，但是其中的工作原理和原则不应被会计人员遗忘。

1. 手工做账

手工做账的基本流程就是做账的基本流程，其包含了收集、审核原始凭证，编制、审核记账凭证，登记账簿，汇总记账凭证，登记总账，对账和结账，编制账务报表七个环节。在做账的整个基本流程中，会计人员要遵循账证相符、账账相符、账实相符的原则。

手工做账能帮助财务新手更全面地学习财务知识，提高其做账的实际操作能力，但手工做账的工作量大且步骤繁复，不仅耗时，而且极易出错。

2. 会计电算化

会计电算化是指将电子计算机和现代化数据处理技术相结合，并将其运用在会计工作之中，即用电子计算机代替人工来处理会计工作，从而提高工作效率的会计工作过程。

相较于手工做账，会计电算化的计算能力更快且更精准。它能够及时、准确地进行运算和数据处理，并且在相关凭证的填制和账目的登记上更为标准，同时还能完成相关材料的备份。

由上文可知，与手工做账相比，会计电算化具有明显的优势，但这并不意味着我们由此可以忽视它的劣势——对原始数据的准确性、岗位人员的素质、信息系统的安全性等都有更高的要求。

（1）对原始数据的准确性有更高的要求

与手工做账相比，会计电算化对原始数据的准确性具有更高的要求，因为一旦原始数据出现错误，那么错误的数据就会伴随接下来的整个运算过程，直至最终得出错误的结果。企业在做决策时如果以错误的数据和结果为参考，那么最终的损失是不可估量的。

（2）对岗位人员的素质有更高的要求

进行会计电算化操作的岗位人员必须有足够的会计知识储备，既要负责数据的输入工作，又要负责数据的输出和报送工作，这对岗位人员的专业素质和职业道德都有很高的要求。

（3）对信息系统的安全性有更高的要求

在会计电算化实施的过程中，相应的数据和信息都储存在各种存储介质上，为了保证数据的安全性和真实性，岗位人员需要通过技术手段来保护数据不被盗取和篡改。

1.2.2 手工做账和会计电算化的异同

手工做账和会计电算化是完成一项会计工作的两种手段，它们的相同点主要体现在工作性质上，不同点主要体现在工作方式上。接下来，我们来了解一下手工做账和会计电算化的相同点和不同点。

1. 相同点

（1）目的相同

手工做账和会计电算化的目的都是通过精确的财务管理和数据分析帮助企业进行更加科学的决策，提高企业的经济效益。

（2）原则相同

手工做账和会计电算化遵从相同的会计原则，都是在相同的法律法规的框架下进行工作的。

（3）依据相同

手工做账和会计电算化都以遵循会计的基本理论和方法为工作依据。

（4）基本功能相同

手工做账和会计电算化都用来记录、储存、加工、传输和输出财务信息。

2. 不同点

手工做账和会计电算化的不同点如表 1-1 所示。

表 1-1 手工做账和会计电算化的不同点

	运算工具不同	信息承载方式不同	簿记规则不同	账务处理方式不同	在行使职能上的侧重点不同	岗位人员的工作内容不同
手工做账	用的是算盘、计算器等传统工具，工作量大，运算速度慢，且不方便储存	以纸质文件作为载体，不易保管且不便于查找	需要利用各类账簿互相校对来保证财务数据的准确性	一般遵循做账的完整流程，即收集、审核原始凭证，编制、审核记账凭证，登记账簿，汇总记账凭证，登记总账，对账和结账，编制财务报表七个环节，步骤繁复且费时、费力	侧重点在于发挥监督职能	手工做账的主要工作内容为建账、记账、算账、对账、结账、编制财务报表等
会计电算化	电子计算机自动处理数据和储存数据	会计电算化数据储存在相应设备中，早期主要是计算机的硬盘，现在部分企业已经开始使用云端技术储存数据，这样可以快速备份和查找相关文件	只要确保输入数据的准确性，就能得到正确的结果	会计电算化可以根据使用者的习惯来选择账务处理方式，不管是哪种方式，都是建立在会计工作的基本原则和方法上的	侧重点是在行使监督职能的基础上发挥管理职能	会计电算化的主要工作内容为系统管理、系统操作、系统审核、档案管理等

总的来说，会计电算化为企业的现代化管理奠定了基础，使经济信息在企业管理中的作用得到了最大限度的发挥，实现了跨区域、跨行业的经济信息共享，这不仅提高了经济信息的价值，更是时代发展的需要。虽然会计电算化的普及已经达到了很高的程度，但是手工做账中蕴含的会计工作原则和方法依然是会计人员必须掌握的。

实操笔记

【判断题】随着会计电算化的普及，会计人员不需要了解手工做账的相关内容。（ ）

答案：错

♻ 1.3 会计人员应遵守的规范

小王作为一名刚入职的会计，他每天除做账外，还要和其他同期被招进公司的会计人员一起接受风险控制培训。作为职场新人，小王起初并不知道风险控制对企业来说意味着什么，但在培训的过程中，他明白了风险控制能够保障企业的合法经营，并知道了会计人员在平常工作中应遵守哪些规范。对于广大会计人员来说，这些规范是其必须学习的内容，接下来我们来了解一下这些规范。

1.3.1 会计人员应遵守的法律法规

作为一名会计人员，无论是在做账时还是在开展其他业务时，都必须知法、懂法、守法。会计人员应遵守的法律法规如表 1-2 所示。

表 1-2 会计人员应遵守的法律法规

法规名称	概述
《中华人民共和国会计法》（以下简称《会计法》）	对国家机关、社会团体、企事业单位和其他组织的会计工作（会计核算、会计监督等）做出了规定
《中华人民共和国发票管理办法》	对发票的印制、领购、开具、取得、保管、缴销做出了规定
《中华人民共和国票据法》	对票据行为与票据活动中当事人的合法权益做出了规定
《支付结算办法》	对单位、个人在社会经济活动中使用票据、信用卡、汇兑、托收承付、委托收款等结算方式进行货币给付及资金清算的行为做出了规定
《会计档案管理办法》	对会计档案管理工作做出了具体规定
《会计基础工作规范》	对会计基础工作做出了具体规定
《企业会计制度》	对会计核算工作做出了具体规定
《中华人民共和国税收征收管理法》	对从事生产、经营的纳税人的纳税义务做出了规定

除了表中的法律法规，会计人员还应学习《企业会计准则》和税法，由于《企业会计准则》和税法指的是一系列规范，其中所涉及的政策、规章较多，所以在此不详细展开。

虽然《企业会计准则》和税法同属规范经济行为的规定，但二者之间存在诸多差异，这些差异在一定程度上增加了企业处理账务的成本与难度，因此，会计人员必须了解这些差异。

1.3.2 《企业会计准则》和税法的差异

会计人员在开展业务时必须遵守《企业会计准则》和税法：《企业会计准则》要求，会计人员在具体工作中必须提供真实、完整、可靠的财务信息，以满足企业发展的需要；而税法则对从事生产、经营的纳税人的纳税义务做出了规定。这两者之间存在的差异主要体现在以下四个方面。

1. 目的不同

《企业会计准则》的制定是为了规范企业会计人员的核算工作，以达到提高财务信息质量，切实反映企业财务状况和经营成果，帮助企业管理者进行决策的目的。

税法的制定是为了保障国家利益和纳税人的合法权益，维护正常的税收秩序，保障国家的财政收入。

做账小课堂

2014—2017年，《企业会计准则》经历了两次大规模的修订和增补，每一次的变革都对各行各业的会计处理产生了深远的影响；与此同时，税法也在不断更新。对会计人员而言，要想跟上时代的步伐，就要充分把握《企业会计准则》的最新变化与发展趋势，在第一时间主动学习最新相关知识。

2. 会计核算基础不同

《企业会计准则》规定企业应当以权责发生制[1]为核算基础进行会计确认、计量和报告。

税法则规定企业应当以权责发生制和收付实现制[2]为核算基础。

3. 服务对象不同

《企业会计准则》要求企业提供的财务报表是为投资者、债权人、企业管理层、政府部门及其他利益相关者等服务的。

税法为纳税人提供缴税依据，维护其权益，并保障国家财政收入。

4. 发展方向不同

随着我国市场经济的发展，《企业会计准则》的发展方向越来越市场化。

税法则更多从促进国家经济发展的需要出发，具有保障国家经济发展的作用，更具中国特色。

实操笔记

【多选题】下列选项中，需要会计人员学习的法律法规包括（ ）。

A.《中华人民共和国会计法》

B.《中华人民共和国发票管理办法》

C.《中华人民共和国票据法》

D.《中华人民共和国税收征收管理法》

答案：ABCD

[1] 权责发生制是以本期发生的收入和费用应不应该计入本期损益为标准，处理有关经济业务的一种制度。

[2] 收付实现制是以款项的实际收付为标准来处理有关经济业务，确定本期收入和费用，计算本期盈亏的会计处理基础。

1.4 常见的做账误区

经过一段时间的学习和工作，小王已经能够独立做一些简单的账目了。但是，在实际做账过程中，他还是会有一些疑惑，比如，在没有发票的情况下，他就完全不知道该怎么做账。在向公司的前辈们请教过后，他不仅解决了自己在做账时遇到的问题，也了解了其他一些常见的做账误区，这些误区大致可以分为会计凭证类误区和税法类误区。

1.4.1 会计凭证类误区

1. 没有发票就不能做账

税收管理一般是以票据为依据的，也就是会计人员常说的“以票控税”，这就使得会计人员在做账时非常依赖发票，甚至让部分会计人员陷入了“没有发票就不能做账”的误区。

虽然根据相关规定，会计人员在没有发票的情况下无法进行税前扣除，但这与做账并不矛盾，也就是说，会计人员在做账时不必把发票视为唯一合法有效的凭证。

2. 把“借贷相等”当成填制会计凭证的唯一要求

会计人员在做账的过程中虽然要遵守“借贷相等”的原则，但是“借贷相等”并不是填制会计凭证的唯一要求。在填制会计凭证时，会计人员还须考虑以下事项：

①票据是否符合要求，是否真实、合法、合规；

②会计凭证的各项要素是否齐全；

③报销程序和报销内容是否合理，根据报销程序判断报销手续所用的证章是否齐全，审批是否存在问题；

④票据的时间、地点、金额、票据号是否符合业务内容；

⑤各项支出是否都有预算，有预算的支出是否符合预算规定，当支出超出预算时是否有相应的处理方案；

⑥会计凭证摘要的内容和数据是否便于以后查阅和提取；

⑦当存在特殊事项时，是请示上级还是按照相关制度处理；

⑧在填制会计凭证时要注意税务风险和法律风险，这是企业风险控制的重要的一环；

⑨作为企业的会计人员，在填制会计凭证时应注意对成本的管控，当支出超出预算时应及时向上级反馈；

⑩在填制会计凭证时，还应考虑《企业会计准则》的相关规定和企业对会计工作的具体要求。

3. 收据不能入账，也不能税前扣除

在实际做账过程中，因为税法规定收据不能进行税前扣除，所以很多会计人员就会陷入“收据不能入账”的误区。根据《企业会计准则》的规定，满足其入账要求的会计凭证都能入账，这与税法的有关规定并不矛盾。

收据分为内部收据和外部收据，其中，外部收据又分为税务部门监制的收据、财政部门监制的收据、部队收据三种。收据能入账的情况有以下三种：

①内部收据是单位内部自制的凭据，用于单位内部发生的业务，如内部调拨材料、收取员工押金、退还多余出差借款等，这时的内部收据是合法凭据，可作为入账凭据；

②单位之间发生业务往来，收款方在收款以后不需要纳税的，收款方就可以开具税务部门监制的收据，比如，某单位收到下属单位归还的借款，因为收到借款时不存在纳税义务，所以其可以向下属单位开具税务部门监制的收据；

③行政、事业单位发生的行政事业性收费，可以使用财政部门监制的收据，比如，防疫站收取防疫费、环保局收取环保费等，都可以使用财政部门监制的收据。

通常情况下，企业在进行税前扣除的相关处理时，都需要取得发票才能进行，但满足某种条件的收据是能税前扣除的。会计人员能使用收据进行税前扣除的情况有以下七种：

①政府部门开具的收费票据；

②各事业单位开具的收费票据；

③捐赠收据；

④工会经费收据；

⑤法院的诉讼费、执行费收款收据；

⑥军队收据；

⑦其他符合规定的可以税前扣除的收据。

4. 白条不能入账，也不能税前扣除

在符合《企业会计准则》的情况下，白条是能入账的，这与税法的有关规定并不矛盾。关于白条是否能进行税前扣除，会计人员需要和相关机构进行沟通，也需要提供相关的证明材料来辅助证明产生的白条属于税法认可的有效凭证。

5. 记账凭证都要有原始凭证

根据《会计基础工作规范》的第五十一条第四项，我们可以知道，并非所有的记账凭证都要有原始凭证，结账和更正错误的记账凭证可以没有原始凭证。

6. 没有意识到会计凭证摘要的重要性

会计凭证摘要的主要作用是便于日后的查阅，在填写会计凭证摘要时，会计人员应该将时间、人物、费用支出原因等基本要素涵盖进去，语言要简明扼要。

7. 根据单据种类做账

在实际工作中，会计人员可能会看到大量餐饮费用的票据都被归集到“业务招待费”科目里，其实，不仅只有“业务招待费”科目下会产生餐饮费用，“职工福利”“差旅费”等科目下也会产生餐饮费用，因此，会计人员在做账时应该按照业务的性质来确定相应费用的归类，而不是根据单据的种类来确定会计科目。

1.4.2 税法类误区

1. 把税法当成做账的基本原则

在做账的具体操作过程中，许多会计人员会将税法中的规定理解为做账的

基本原则，但实际情况是，如果把税法当成做账的基本原则，很多项目是无法入账的。此误区出现的原因主要有以下两点：

①将报税当作做账的唯一目的。企业这么做主要是为了减少税费的支出，降低运营成本，但这会给会计工作带来了一定的困扰。

②会计人员无法恰当处理《企业会计准则》和税法的关系。

2. 会计人员在做账时不需要考虑税法

因为税法在税收管理上对会计工作有着相应的规定，所以会计人员在做账时需要考虑税法。

实操笔记

【单选题】下列选项中，不属于做账误区的是（ ）。

A. 没有发票就不能做账

B. 会计人员在做账时要始终遵守相关法律法规

C. 会计人员在做账时不需要考虑税法

D. 记账凭证都要有原始凭证

答案：B

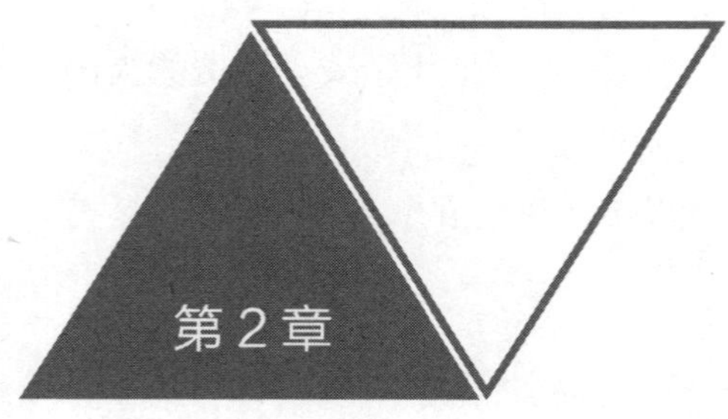

第2章 做账基本功：夯实做账基础

虽然做账只是会计工作的一部分，但会计人员要想把账做好、做精，仍需要全面地学习会计知识，牢固地掌握正确的书写规则，熟练地使用工具。

2.1 储备知识：学习必备知识

小刘是一家公司的后勤人员，但由于公司财务部人手不足，他被调到了财务部。因为小刘学的不是会计专业，也没有相关的工作经验，财务部的主管就让小刘从最基础的做账开始学习。起初，小刘以为做账十分简单，但是经过学习，他发现做账比自己想象的要复杂得多，想要掌握做账的诀窍，还需要掌握大量会计方面的知识。在本节我们将介绍会计专业知识、银行结算基础知识、发票基础知识、纳税基础知识这四个会计方面的知识。

2.1.1 会计专业知识

会计是以货币为主要计量单位，运用一系列专业方法，对企事业单位经济活动进行连续、系统、全面、综合的核算和监督，并在此基础上对经济活动进行分析、预测和控制，以提高经济效益的一种管理活动。

正如会计工作是企业管理工作的一部分，做账也是会计工作的一部分，会计人员要想精通做账，就要掌握一定的会计专业知识。

1. 会计对象

会计对象是指会计核算和会计监督的内容，具体来说，就是企事业单位在日常经营活动或业务活动中所表现出的资金运动。

那么，什么是资金运动呢？

在回答这个问题之前，我们要先弄清楚什么是资金。资金就是一个企业所拥有的财产和物资的货币表现。资金运动是指资金的形态与位置的变化，主要包括资金的投入、资金的循环和周转、资金的退出。

资金运动是一个比较抽象的概念，在具体操作中会计人员必须将其具化、量化，只有这样才能将会计核算落到实处。由于会计人员需要对资金运动进行分类，于是便产生了会计要素。

2. 会计的六大要素

根据《企业会计准则》可知，我国的会计要素有六个，分别是资产、负债、所有者权益、收入、费用、利润。

（1）资产

在日常生活中，资产的概念十分宽泛，如厂房、机器、货物等都属于资产。但是，在会计的范畴中，对资产的认定要严苛得多。根据资产的定义，只有满足以下四个条件的经济资源才能被认定为资产：

①是由企业过去的交易或者事项形成的；

②为企业所拥有或者控制；

③预期会给企业带来经济利益；

④资产的成本、价值是能够被可靠计量的。

按流动性的强弱可以将资产分为流动资产和非流动资产：流动资产是指能在一年或者超过一年的一个营业周期内变现或者运用的资产；非流动资产是指不能在一年或者超过一年的一个营业周期内变现或者运用的资产。

除了有形资产，企业还有专利技术、自创商誉等无形资产，以及一些或有资产[1]。受现行会计模式和会计技术的限制，这些资产还不能完整地体现在企业的资产负债表中，但这些资产的处理方法是企业会计人员应该了解并掌握的。

（2）负债

负债是指由企业过去的交易或者事项形成的，预期会导致经济利益流出企业的现时义务。根据负债的定义，只有满足以下四个条件的事项才能被认定为负债：

①是企业承担的现时义务；

②预期会导致经济利益流出企业；

③是由企业过去的交易或者事项形成的；

④导致流出的经济利益的金额能够可靠地计量。

按偿还时间的长短可以将负债分为流动负债和非流动负债：流动负债是指在一年以内（含一年）或一个营业周期内偿还的债务；非流动负债是指在一年以上（不含一年）或一个营业周期以上偿还的债务。比如，应付账款、预收款项、应交税

---

[1] 或有资产是指由过去的交易或者事项形成的潜在资产，其存在须通过未来不确定事项的发生或不发生予以证实，比如，有条件的赠予财产，在规定条件尚未全部满足前的产权，债权已予确认但数额尚未确定的保险赔款等。

费等属于流动负债，而长期借款、应付债券、长期应付款等则属于非流动负债。

（3）所有者权益

所有者权益，又称股东权益，和负债、资产可以组成一个会计恒等式：

资产 = 负债 + 所有者权益

这个恒等式告诉我们，资产是由负债和所有者权益组成的。如果将该等式变形，就可以得到一个变形等式：

所有者权益 = 资产 – 负债

由变形等式可知，所有者权益是企业总资产减去总负债后的剩余权益，因此，所有者权益也被称为“净资产”。我国的《企业会计准则》将所有者权益分为资本和留存收益，其中，资本包括实收资本和资本公积，留存收益则包括盈余公积和未分配利润。

（4）收入

收入是指企业在日常活动中产生的，会导致所有者权益增加的，与所有者投入资本无关的经济利益的总流入。我们在理解收入概念时需要注意以下四点：

①收入的来源包括销售商品、提供劳务及让渡资产使用权；

②在会计实务中，收入是从企业的日常活动中产生的，不包括营业外收入、政策补贴等偶发性事件产生的利得；

③收入应表现为企业资产的增加或负债的减少；

④收入只包括企业经济利益的流入，不包括为第三方或客户代收的款项。

（5）费用

要想获得产出，就必须先投入。企业要想通过销售产品获得收入，就要负担营业成本、各类费用及营业外支出，还要依法缴纳各种税费。

费用的种类可谓五花八门，不过，无论哪种费用，都应符合以下三个特征：

①费用是从企业的日常活动中产生的，不包括营业外支出等偶发性事件产生的损失；

②费用表现为资产的减少或负债的增加；

③费用将引起所有者权益（股东权益）的减少。

（6）利润

利润反映的是收入减去费用之后的净额，其会计恒等式为：

利润 = 收入 – 费用

本书中的利润均指利润总额，净利润会另外指明。利润应具备以下两个特点：

①利润是一定会计期间的经营成果；

②利润是营业利润、投资净损益与营业外收支净额之和。

3. 会计科目和会计账户

设置会计科目和会计账户是对会计对象的具体内容进行分类核算和监督的方法。会计科目是对会计要素的具体内容进行分类核算的项目，是在账簿中开设账户的重要依据。会计账户是根据会计科目设置的，具有一定的结构和格式，用来全面、系统、连续地记录经济业务。通过会计账户，会计人员可以对各项经济业务进行分类和连续记录，为企业的财务管理提供各类信息和数据。

做账小课堂

会计科目的设置原则：

（1）合法性原则

会计科目的设置应该符合国家相关会计制度的规定，并保证会计信息的规范性、统一性。不过，这并不代表会计科目是不可更改的，企业可以在不影响核算质量和对外会计报告信息统一性的情况下，自行增补或合并会计科目。比如，预收账款业务较少的企业，可以将预收账款与应收账款业务合并在“应收账款”科目下进行核算。

总之，企业要在合法、合规的前提下，根据自身特点设置会计科目，做到灵活性与统一性相结合。

（2）相关性原则

会计信息的使用者包括企业管理者、投资者、债权人、政府部门等，所以在设置会计科目时要考虑到会计信息使用者的需求。也就是说，我们所设置的会计科目必须能够为各方提供所需的会计信息，同时满足对外报告与对内管理的要求。

（3）实用性原则

会计科目的设置应符合企业（或机构）本身的特点，满足其实际需求。由于不同类型的企业在组织形式、所处行业、经营内容、业务种类等方面均有所不同，所以在会计科目上也应该有所区别。会计科目不应该是千篇一律的，应该从实际出发，为企业的经营管理服务。

4. 会计核算

会计人员拥有核算和监督两大职能，其中核算职能是会计人员的基本职能，它贯穿于经济活动的全过程。

会计核算是指以货币为主要计量单位，通过确认、计量、记录和报告等环节，对特定主体的经济活动进行记账、算账和报账，为相关会计信息使用者提供决策所需的会计信息。

（1）会计核算流程

会计核算流程是指从收集、审核原始凭证到编制财务报表的过程，由收集、审核原始凭证，编制、审核记账凭证，登记账簿，汇总记账凭证，登记总账，对账和结账，编制财务报表七个步骤组成。

（2）会计核算内容

会计核算的内容既包括企业的各种经济业务，即企业与其他企业、单位和个人之间发生的各种经济利益交换，如销售、交税等；也包括企业内部发生的具有经济影响的各类经济事项，如支付职工工资、计提折旧[1]、费用报销等经济项目。

会计核算的具体内容如表 2-1 所示。

表 2-1 会计核算的具体内容

经济业务、事项	概述
款项和有价证券的收付	款项主要包括库存现金、银行存款，以及其他视同库存现金和银行存款的银行汇票存款、银行本票存款、信用卡存款、信用证保证金存款、外埠存款和存出投资款等；有价证券是表示一定财产拥有权或支配权的证券，如国库券、股票、企业债券等
财物的收发、增减和使用	财物是财产物资的简称，企业的财产物资是企业进行生产经营活动且具有实物形态的经济资源，一般包括原材料、燃料、包装物、低值易耗品、在产品[2]、库存商品等流动资产，以及房屋、建筑物、机器、设备、设施、运输工具等固定资产

[1] 计提折旧是企业在进行会计处理时，预先计入某些已经发生、未实际支付的折旧费用。计提折旧时需要区分会计期间和折旧期间，二者所指的期间不一定相同。

[2] 在产品是指原材料投入生产后，尚未最后完工的产品，包括制作过程中的在产品、已加工完成入库但不能对外销售的半成品。

续表

经济业务、事项	概述
债权、债务的发生和结算	债权是企业收取款项的权利，一般包括各种应收和预付款项等，如应收账款、应收票据、其他应收款、预付账款等；债务则是由过去的交易或者事项形成的，企业需要以资产或劳务等偿付的现时义务，一般包括各项借款、应付和预收款项，以及应交款项等，如短期借款、应付账款、应交税费、预收账款等
资本的增减	资本是投资者为开展生产经营活动而投入的资金。会计中的资本专指所有者权益中的投入资本，包括实收资本（或股本）和资本公积
收入、支出、费用、成本的核算	收入是企业在日常活动中形成的，会导致所有者权益增加的，与所有者投入资本无关的经济利益总流入；支出是企业实际发生的各项开支和损失，以及在正常生产经营活动以外的开支和损失；费用是企业在日常活动中发生的，会导致所有者权益减少的，与向所有者分配利润无关的经济利益的总流出；成本是企业为生产产品、提供劳务而发生的各种耗费
财务成果的计算和处理	财务成果是企业在一定时期内通过从事生产经营活动而在财务上所取得的结果，具体表现为盈利或亏损。财务成果的计算和处理一般包括利润的计算、所得税的计算、利润分配或亏损弥补等
需要办理会计手续、进行会计核算的其他事项	在实际工作中还有可能出现其他的经济业务事项，企业应按照国家统一的会计制度和规定办理会计手续，并进行会计核算

5. 企业会计工作的三大组织形式

企业会计工作的组织形式分为独立核算和非独立核算、集中核算和非集中核算、专业核算和群众核算，它决定了企业会计机构的具体工作范围和具体会计岗位的设置。

(1) 独立核算和非独立核算

独立核算是指对本单位的业务经营过程及其结果进行全面、系统的会计核算。实行独立核算的企业叫作独立核算单位，这类单位通常独立经营、自负盈亏，而且具有一定的资金，在银行单独开户，具有完整的核算系统，需要定期编制财务报表。独立核算单位应单独设置会计机构，并配备必要的会计人员。

实行非独立核算的企业叫作非独立核算单位，又叫作报账单位，它们不独立计算盈亏，也不编制财务报表。商业企业下设的分销店就是典型的非独立核算单位，分销店不需要自负盈亏，也不进行独立核算，由上级企业定期发放备用金和物资。非独立核算单位平时只需填制和整理原始凭证，登记备用金账和实物账，再定期将收入、支出向上级报销。非独立核算单位一般不设置专门的会计机构，但需配备专职会计人员。

（2）集中核算和非集中核算

在独立核算单位中，其记账工作的组织形式可以分为集中核算和非集中核算。集中核算就是将企业的主要会计工作都集中在会计机构内部，其他各部门不进行单独核算。集中核算的最大优点是可以减少核算层次，精简会计人员，但它不利于日常财务考核和分析。

非集中核算，又称分散核算，即企业的内部各单位要对自身所发生的经济业务进行较为全面的会计核算。比如，在某企业里，各个业务部门都要进行商品明细核算。不过要注意的是，企业财务报表的编制和物资供销、现金收支、银行存款收支、对外往来结算等不宜进行非集中核算，应由企业会计机构集中办理。非集中核算有利于企业及时分析、解决问题，但它会增加核算手续和核算层次。

（3）专业核算和群众核算

专业核算是由专职会计人员进行的；而群众核算则是由职工群众参与进行的。在我国，有些企业会开展群众核算，比如，工厂内实行的班组经济核算[1]就属于群众核算。群众核算可以使职工及时了解班组或柜组完成的业绩，激发他们的生产积极性。

2.1.2 银行结算基础知识

银行结算业务，又称支付结算业务，是指商业银行通过一定的支付工具或

---

[1] 班组经济核算是以生产班组为单位所进行的一种厂内经济核算制度。它既是企业实行全面经济核算的基础，也是实行民主管理、群众理财的重要形式。班组经济核算指标应按照生产需要，本着简单明确、易算好管的原则来建立，主要包括产量、质量、材料耗费、工时耗用、出勤率等。企业应根据班组经济核算指标设计和建立必要的台账，组织车间各班组群众管理员逐日登记、核算，按时考核、公布，并定期开展班组经济活动分析，及时发现问题、解决问题。

结算方式为客户办理由商品交易、劳务供应、资金调拨及其他款项往来所发生的货币收付、债权债务清算的有关业务，它是一种传统的中间业务。

1. 银行结算业务的分类

银行结算业务的分类如表 2-2 所示。

表 2-2　银行结算业务的分类

分类方式	具体种类	适用范围
结算性质	交易往来结算	商品购销及劳务供应的结算等
	非交易往来结算	职工工资的支付、财政资金的上交及企业内部的资金调拨等
结算形式	现金结算	交易金额小、与个人有关的货币收付活动等
	转账结算	大额交易及超过现金使用范围的有关货币收付活动等
结算业务的法律特征	票据	支票、银行本票、汇票
	银行卡种类	信用卡
	结算方式	汇兑、委托收款、托收承付

2. 银行结算业务的基本流程

银行结算业务的基本流程如图 2-1 所示。

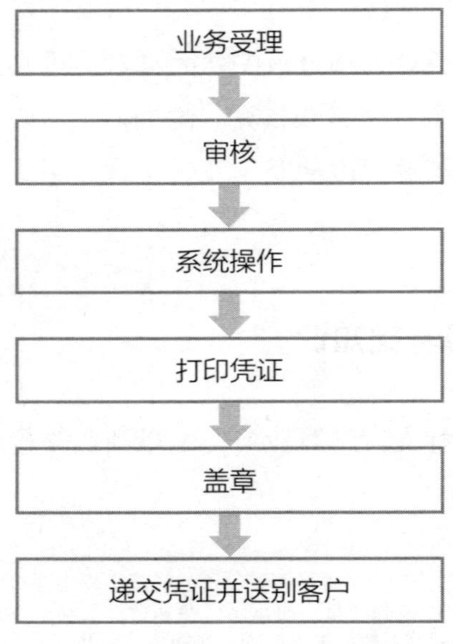

图 2-1　银行结算业务的基本流程

3. 银行结算原则

银行结算原则是单位、个人和银行在办理支付结算时必须遵守的行为准则。根据《支付结算办法》第一章第十六条，单位、个人和银行办理支付结算必须遵守下列原则：

（1）恪守信用，履约付款

办理支付结算业务的收付各方及开户银行必须严格按照合同内容履行职责。付款方须依据合同进行付款，不得无理由拒绝付款或拖延付款。

（2）谁的钱进谁的账，由谁支配

银行在办理支付结算业务时，必须保障客户对自己存款的所有权和使用权。银行只能根据客户的委托，为其办理支付结算。同时，根据双方达成的合同或协议，银行在为客户办理账户款项的结算时，必须依法保护客户信息。

（3）银行不垫款

在办理支付结算业务时，银行起中介作用，由于其只接受客户的委托，向客户提供支付结算服务，帮助客户在账户之间划转资金，因此不承担垫付款项的责任。

做账小课堂

办理银行结算的要求：

（1）必须遵守国家法律、法规和银行结算办法的各项规定。

（2）除按照国家现金管理的规定可以使用现金结算的经济业务外，其余各项经济往来都必须办理转账结算。

（3）账户内须有足够的资金保证支付。

（4）要遵守“恪守信用，履约付款；谁的钱进谁的账，由谁支配；银行不垫款”的结算原则。

（5）必须严格遵守银行结算纪律，不准签发空头支票和远期支票，不准套取银行信用。

（6）必须使用银行统一规定的票据和结算凭证，并按照规定正确填写。

（7）各企业办理结算，由于填写结算凭证有误而影响资金使用的，或者由于票据和印章丢失而造成资金损失的，由其自行负责。

2.1.3 发票基础知识

发票是指一切单位和个人在购销商品、提供或接受服务，以及从事其他经营活动中所开具和收取的业务凭证。它是会计核算的原始依据，也是审计机关、税务机关执法检查的重要依据。

简单来说，发票就是经济活动中由出售方向购买方签发的文本，其内容包括向购买方提供产品或服务的名称、数量、协议价格和日期等，而且每张发票都具有独一无二的流水账号码，可以有效防止重复和跳号。

在社会经济活动中，发票是最基本的原始凭证之一，是记录经济活动内容的载体，是进行财务管理的重要工具，是税务机关控制税源、征收税款的重要依据，是国家监督经济活动、维护经济秩序、保护国家财产安全的重要手段。

1. 发票的种类

由于行业特点和企业生产经营项目的不同，发票的种类和形式也是多种多样的。如果非要给发票分类的话，可以以发票是否从增值税发票管理新系统开具为标准。发票的种类如表 2-3 所示。

表 2-3 发票的种类

标准	发票的种类
增值税发票管理新系统	增值税专用发票、增值税普通发票（折叠式、卷式）、增值税电子普通发票（非通行费、通行费）、机动车销售统一发票、二手车销售统一发票
非增值税发票管理新系统	通用机打发票、通用定额发票、通用手工发票、景点门票、火车票、航空运输电子客票行程单、出租车发票、客运定额发票

2. 发票的选择

单位和个人在选择发票时，应先考虑自己所在省市的相关政策和制度，接着再考虑以下四个要点：

①增值税专用发票适用于增值税一般纳税人。被纳入“小规模纳税人自行开具增值税专用发票试点”的小规模纳税人，也可自行领用增值税专用发票。

②增值税普通发票（电子普通发票）适用于增值税一般纳税人，以及月不

含税销售额超过 10 万元或季不含税销售额超过 30 万元的小规模纳税人。如果月不含税销售额不超过 10 万元或季不含税销售额不超过 30 万元的小规模纳税人要求使用增值税发票管理新系统的，也可以领用。增值税普通发票（卷式）由纳税人自愿选择使用，生活性服务业的纳税人推荐使用。

③机动车销售统一发票适用于从事机动车零售业务（不包括销售旧机动车）的纳税人。在二手车市场销售旧机动车的纳税人，应使用二手车销售统一发票。火车票、航空运输电子客票行程单、出租车发票、客运定额发票适用于各自行业。

④通用定额发票主要适用于定期定额征收的个体工商户和收取停车费的纳税人。

在实际工作中，各个省市的发票使用标准不同，有的省市甚至已经取消了上述发票中的某些种类。所以，单位和个人在选择发票种类的时候，要根据自己的实际情况和所在省市的发票政策与制度。另外，在审核发票的时候，单位和个人要注意发票开具省市是否使用该类发票，谨防弄虚作假。

3. 发票的领购

单位和个人在申请领购发票时，必须先提交购票申请报告，在报告中写明单位或个人的名称、所属行业、经济类型，以及所需发票的种类、名称、数量等，并加盖单位公章和经办人印章。在办理领购手续的时候，经办人还须准备好身份证和其他有关证明。

另外，当需要领购增值税专用发票时，单位和个人应当提供纳税人领购发票票种核定申请表、税务登记证（副本）、经办人的身份证明，以及财务专用章或发票专用章印模。如果单位和个人属于增值税纳税人，那么在领购增值税专用发票时，还须向税务机关提供发票领购簿、IC 卡和经办人身份证明，只有这样才能办理专用发票领购手续。

递交发票领购申请，并经国家税务机关审查批准后，单位和个人应先领取国家税务机关核发的发票领购簿或者增值税专用发票领购簿，然后再根据核定的发票种类和数量，到相应的国家税务机关领购发票。如果领购的是增值税专用发票，则需要当场在发票联和抵扣联上加盖发票专用章、财务印章等章戳。

4. 发票的填开原则

在填开发票时所要遵循的基本原则如下：

①凡销售商品、提供服务及从事其他经营业务活动的单位和个人，对外发生经营业务收取款项时，收款方应如实向付款方填开发票；

②单位和个人必须在实现经营收入或者发生纳税义务时填开发票，未发生经营业务一律不准填开发票；

③发票只限于用票单位和个人自己填开使用，不得转借、转让、代开；

④发票不得拆本使用，将装订成册的发票拆开使用是违法行为；

⑤单位和个人必须按规定购买发票使用（或经国家税务机关批准印制），不得用其他票据代替发票，也不得擅自扩大增值税专用发票的使用范围；

⑥发票只能在领购发票所在地填开，不准携带到外地使用，在外地从事经营活动，应在当地税务机关申请领购发票；

⑦单位和个人向消费者提供零售小额商品或零星劳务服务时，可以不用逐笔填开发票，但应逐日记账。经国家税务机关批准采用汇总方式填开增值税专用发票的企业，应当填写国家税务机关统一印制的销货清单。

5. 发票的填开方法

单位和个人在填开发票时，应使用中文（民族自治地方可以同时使用当地通用的一种民族文字），按规定的时限、号码顺序填开，填写发票时要做到项目齐全、内容真实、字迹清楚，全份一次复写，各联内容完全一致，并加盖单位发票专用章。

填开发票后，如果发生退货或者折价的情况，应收回原发票并经国家税务机关认证符合作废条件后，才可开具红字发票，用以冲减之前的错误发票。如果开票时发生书写错误，则应该在发票上书写或加盖“作废”字样，并保存各联备查。

6. 开具增值税专用发票的注意事项

一般纳税人在开具增值税专用发票时应注意两点，一是某些项目不得开具增值税专用发票，二是开具增值税专用发票时应严格遵守时限。

（1）不得开具增值税专用发票的项目

①与个人相关的项目；

②与出口、免税、不征税相关的项目；

③与商业企业相关的项目；

④与差额纳税相关的项目；

⑤与销售特定货物相关的项目；

⑥“营改增”试点前发生的业务；

⑦管理不规范的项目。

（2）开具增值税专用发票的时限

①采取直接收款方式销售货物，不论货物是否发出，均为收到销售款或者取得索取销售款凭据的当天。

②采取托收承付和委托银行收款方式销售货物，为发出货物并办妥托收手续的当天。

③采取赊销和分期收款方式销售货物，为书面合同约定的收款日期的当天；无书面合同的或者书面合同没有约定收款日期的，为货物发出的当天。

④采取预收货款方式销售货物，为货物发出的当天；但生产、销售生产工期超过 12 个月的大型机械设备、船舶、飞机等货物，为收到预收款项或者书面合同约定的收款日期的当天。

⑤委托其他纳税人代销货物，为收到代销单位的代销清单或者收到全部或者部分货款的当天；未收到代销清单及货款的，为发出代销货物满 180 天的当天。

⑥销售应税劳务，为提供劳务同时收讫销售款或者取得索取销售款的凭据的当天。

2.1.4 纳税基础知识

纳税，就是根据国家各种税法的规定，按照一定的比率，把集体或个人收入的一部分缴纳给国家。

1. 税收

税收的本质是一种分配关系，是满足社会公共需要的分配形式，其具有强制性、无偿性、固定性，是一种非常重要的政策工具。

2. 税法

税法，即税收法律制度，是国家权力机关和行政机关制定的，用以调整税收关系的法律规范的总称，是国家法律的重要组成部分。税法是以宪法为依据，调整国家与社会成员在征纳税上的权利与义务关系，维护社会经济秩序和税收秩序，保障国家利益和纳税人合法权益的一种法律规范，是国家税务机关及一切纳税单位和个人依法征纳税的行为规则。

3. 税法的构成要素

税法的构成要素是指不同类型的税法具有的共同基本要素的总称，一般包括总则、纳税义务人、征税对象、税目、税率、纳税环节、纳税期限、纳税地点、减税免税、罚款、附则等项目。

4. 一般纳税申报流程

会计人员在进行纳税申报时，要遵循两大流程：第一，准备申报材料；第二，进行纳税申报。

（1）准备申报材料

纳税申报一般分为两种情况：一种情况是纳税人申报；另一种情况是扣缴义务人申报。纳税人在办理纳税申报时须准备纳税申报表、财务报表及其他资料；扣缴义务人在办理纳税申报时须准备代扣代缴、代收代缴税款报告表及其他资料。

（2）进行纳税申报

纳税申报的方式是多样的，其中使用最多的方式就是上门申报，即纳税人（或税务代理人）在规定的申报期限内直接到税务机关指定的办税服务场所报送纳税申报表及其他资料。

做账
小课堂

不同税种的申报期限是不同的，会计人员一定要关注以下几个不同税种的申报期限：

（1）企业所得税的缴纳应当在月份或者季度终了后15日内，向其所在地主管税务机关办理预缴所得税申报，内资企业在年度终了后45日内，外商投资企业和外国企业在年度终了后4个月内向其所在地主管税务机关办理所得税申报。

（2）增值税、消费税的缴纳若是以1个月为一期纳税的，于期满后15日内申报；若是以1天、3天、5天、10天、15天为一期纳税的，自期满之日起5日内预缴税款，自次月1日起15日内申报并结算上月应纳税款。

（3）未明确规定纳税申报期限的税款，需要按照主管税务机关根据具体情况确定的期限申报。税法已经明确规定纳税申报期限的税种，需要按照税法规定的期限申报。

实操笔记

【单选题】下列选项中，不属于会计要素的是（　）。

A. 所有者权益　　B. 成本

C. 资产　　D. 负债

答案：B

2.2 规范操作：掌握正确的书写规则

某公司会计人员小刘在处理公司市场部的报销单时，发现市场部员工交上来的报销单中出现了错误，他们在填写报销单的时候将大写金额数字“壹”写错了。因为该公司对原始凭证的规范化管理有着严格要求，小刘只好将存在错误的报销单打回去，让他们重新填写。可见，在做账过程中，掌握正确的书写规则是十分重要的。

2.2.1 大写金额数字的书写规则

在做账的过程中，会计人员会用大写金额数字来记账，这种起源于明朝的记账方法一直被沿用至今，是防止账目被篡改的一种手段。对于会计人员而言，一定要规范书写大写金额数字。

1. 大写金额数字的书写要求

在书写的过程中，大写金额数字要以正楷或行书字体书写，不得连笔书写；同时，字体要各自成形、排列整齐、大小一致，且字迹工整、易于辨认。另外，不允许使用简化字或谐音字，大写金额数字一律使用“壹、贰、叁、肆、伍、陆、柒、捌、玖、拾、佰、仟、万、亿、元、角、分、零、整”等汉字。

大写金额数字前未印有“人民币”字样的，应加写“人民币”三个字，“人民币”字样和大写金额数字之间不得留有空白。大写金额数字到元或者角为止的，在“元”或“角”字之后应当写“整”字或“正”字。小写金额数字中间有“0”时，大写金额数字要写“零”字；小写金额数字中间连续有几个“0”时，大写金额数字中可以只写一个“零”字；小写金额数字元位是“0”，但角位不是“0”时，大写金额数字可以写“零”字，也可以不写“零”字。

2. 大写金额数字书写错误时的订正方法

当大写金额数字出现书写错误时，只能重新填写凭证。

2.2.2 小写金额数字的书写规则

1. 小写金额数字的书写要求

①书写小写金额数字时应自上而下、先左后右，不允许连笔书写。

②小写金额数字字体要大小一致、排列整齐，字迹要工整清晰。

③含有圆圈的小写金额数字，圆圈必须封口，如“6”“8”“9”“0”等数字。

④相邻的小写金额数字之间要空出半个数字的位置。

⑤每个小写金额数字要紧靠凭证或账表行格底线书写，字体高度占行格高度的1/2以下，以便留有改错空间。

⑥小写金额数字前应填写货币币种符号或货币名称的简写，且币种符号与数字之间不得留有空白。凡数字前写有币种符号的，数字后面不再写货币单位。

做账小课堂

人民币符号为“¥”。需要注意的是，会计人员在登记账簿、编制财务报表时不能使用“¥”，因为账簿、财务报表中不存在金额数字被涂改而造成损失的情况，如果账页或报表中出现“¥”，反而会增加产生错误的可能性。

⑦小写金额数字一律填写到角、分。无角分的，角位和分位可写“00”或者符号“-”；有角无分的，分位应当写“0”，不得用符号“-”代替。

2. 小写金额数字书写错误时的订正方法

与大写金额数字不同，小写金额数字在出现书写错误时是可以进行更正的。在更正小写金额数字书写错误时，会计人员只能采用划线更正法，即在包含错误数字的全部数字正中间划一条红线表示注销，然后用蓝笔将正确的数字写在被注销数字的上方，并加盖具体操作人员的私章以明确责任人。

实操笔记

【判断题】会计人员在填写账目时，其大写金额数字要以正楷或行书字体书写，可以连笔书写。（ ）

答案：错

♻ 2.3 使用工具：Excel 的全面使用

小明的妈妈在会计工作岗位上工作了三十年，快退休的她，工作台上常年放着一个算盘，小明经常拿这个算盘开玩笑说："您那算盘都快成老古董了，也该换换设备了。"算盘是中国古代劳动人民创造的一种手动操作的计算辅助工具，有着悠久的历史。但是，随着时代的发展，它逐渐退出了人们的视线，其他更有科技含量的工具正在成为会计人员、财务人员的新选择，其中 Excel 是当前他们使用得最频繁的工具。

Excel 是 Office 办公软件的组件之一，是一种电子表格软件，拥有强大的计算、分析、传递和共享功能，可以将复杂的数据转化为有用的信息。它拥有强大的表格处理能力和数据分析能力，能够帮助会计人员和财务人员准确、高效地完成具体工作。

2.3.1 Excel 在财务工作中的优势

随着经济的不断发展，会计人员、财务人员需要处理的资金种类和数据也越来越繁杂，传统的计算工具已经无法满足财务工作的需求，在这种情况下，大量的财务软件被运用在财务数据的处理上。在这些财务软件中，Excel 具有明显的优势。

1. 功能灵活

大多数财务软件的具体功能都是开发人员预先设计好的，财务工作的内容一旦超出软件的功能范围，软件就不能帮助会计人员、财务人员进行工作；而 Excel 可自定义计算方式、调整表格格式、设置数字格式等。

2. 使用主体多样化

Excel 能满足所有企业的办公需求，没有行业或企业的限制。

3. 使用范围广

相较于其他财务软件只适用于财务工作，Excel 还能用于其他方面的工作。

4. 衔接性好

Excel 能够与大部分数据库衔接，可以导入多种来源的数据，不同的工作簿之间也可以进行数据操作。

5. 成本低

一些财务软件需要一定的购置成本和后期维护费用，并且对计算机的软硬件设备都有相应的要求；而 Excel 获取成本低，易于上手。

2.3.2 Excel 处理数据的方法

1. 利用工作表处理数据

Excel 能通过表格的形式记录数据并整理，使数据更加清晰、直观，更易转换成有用的信息。在具体处理数据的过程中，对表格进行增删、排序、筛选等操作，能快速地帮助会计人员、财务人员从大量的数据中搜索出需要的数据，减少干扰信息，提高工作效率。

2. 利用函数进行计算分析

Excel 给用户提供了大量的内置函数，以满足用户的基本需求，并且用户还可以根据需要自定义函数。

3. 利用图表进行决策分析

Excel 提供了绘制图表的功能，那么，它能够将表、图、文三者相结合，直观形象地传达信息和帮助会计人员、财务人员决策分析。

4. 利用多样的分析工具进行数据分析

Excel 支持数学模型并且配备了多种分析工具，因此，它具有数据分析和预测的功能。

2.3.3 常用的 Excel 小技巧

会计人员、财务人员若能够熟练地操作 Excel，其工作效率就会得到很大的提升。常用的 Excel 小技巧如表 2-4 所示。

表 2-4 常用的 Excel 小技巧

小技巧	操作方法
快速求和	选中表格中要求和的行或列中的所有数据，然后按下组合键“Alt+=”，求和结果就能出现在旁边或下方的空白单元格中
快速选定不连续的单元格	按下组合键“Shift+F8”，激活“添加选定”模式，然后分别单击不连续的单元格或单元格区域即可选定
改变数字格式	按下组合键“Ctrl+Shift+5”，可把数字改成百分比（%）形式；按下组合键“Ctrl+Shift+4”，可在数字前加上“¥”符号
一键展现所有公式	按下组合键“Ctrl + ～”可同时展现表格中的所有公式，再次按下组合键“Ctrl + ～”可取消
快速应用函数	如果要多次使用同一个函数式，可以先设置第一行单元格的函数，然后将光标移动到单元格的右下角，当光标变成“+”时，双击鼠标即可将函数应用到该列所有的单元格中
快速增加或删除一列 / 行	按下组合键“Ctrl + Shift + 加号”就能在选中列的左边增加一列；按下组合键“Ctrl + Shift + 减号”就能删除选中列。增加一行或删除一行的操作方法同上
快速调整列宽、行高	把光标移动到列首的右侧，双击鼠标即可快速调整列宽；把光标移到行首的下侧，双击鼠标即可快速调整行高
在不同的工作表之间快速切换	按下组合键“Ctrl + PgDn”可以切换到右边的工作表；按下组合键“Ctrl + PgUp”可以切换到左边的工作表
锁定单元格	选中单元格后，按 F4 键

注：表中列举的小技巧，均以“Microsoft Office Excel 2013”软件为参照。

实操笔记

【单选题】小张在使用 Excel 时，想快速锁定某一单元格，此时小张需要按下的快捷键为（　）。

A.Shift+F8　　B.Ctrl+shift+5

C.F4　　D.Ctrl + PgDn

答案：C

实操篇：
做账业务实战

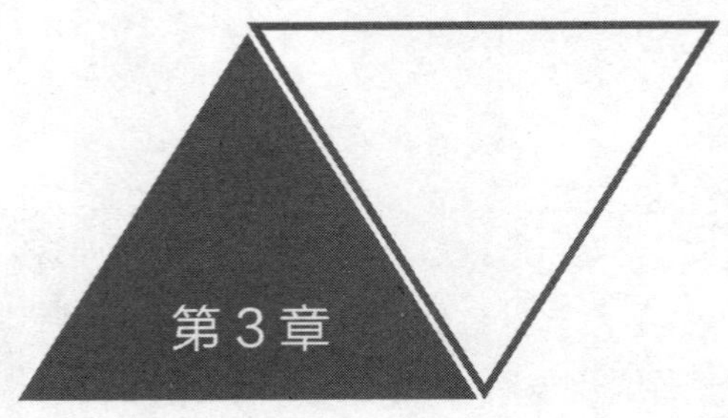

建账：迈开做账工作的第一步

建账是指会计人员根据会计法规、制度的规定，结合企业具体行业要求和将来可能发生的会计业务情况，确定账簿种类、格式、内容及登记方法的过程。建账不仅是做账工作的第一步，也是企业进行财务管理的第一步。

♻ 3.1 建账前，先了解账簿

李先生在某公司的会计岗位上已经工作十几年了，最近公司领导让他对新入职的会计进行培训。在培训的过程中李先生发现，这批新入职的会计都是刚刚毕业的大学生，他们虽然有着扎实的会计理论功底，但是缺乏相应的实践经验，其中有一部分人甚至连账簿都没有接触过。最后，他只好拿来公司的一本账簿进行讲解。在讲解的过程中，李先生介绍了什么是账簿和账簿的基本要素，而这两个方面正是本节所要介绍的内容。

3.1.1 什么是账簿

账簿是以会计凭证为依据，对企业所有经济业务进行全面、系统、连续、分类的记录和核算的簿籍，是会计账簿的简称。账簿一般由具有特定格式和形式并联结在一起的账页组成。账簿的样式如图 3-1 所示。

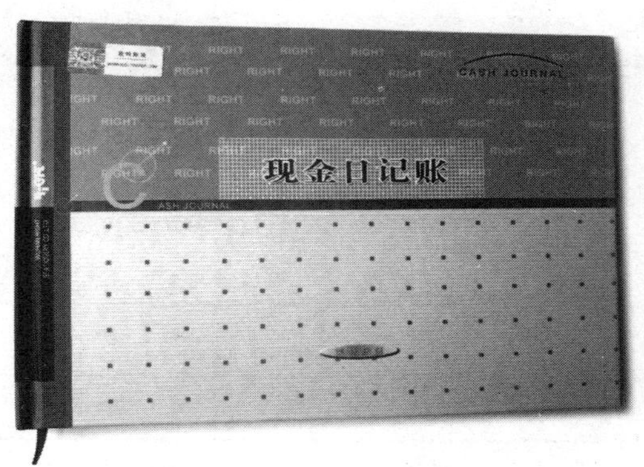

图 3-1 账簿的样式

账簿可以系统、全面地反映企业财产物资和资金的增减变动情况，为经济管理提供系统、完整的资料；同时它也是考核经营成果、加强经济核算、分析经济活动情况的重要依据。在会计核算中，设置和登记账簿的重要意义有以下三点：

①系统地归集和积累会计核算资料；

②为编制财务报表提供主要依据；

③为会计分析和会计检查提供直接依据。

在日常经济业务往来的过程中，每笔业务都必须有会计凭证，因此会计凭证数量多、分散；另外，每张会计凭证只能记载有限的经济业务内容，这就导致其提供的资料是单一的、零星的，不便于日后查阅。上述这些体现了账簿存在的必要性。

3.1.2 账簿的基本要素

账簿的形式和格式虽然多样，但它的基本要素是固定的，任何账簿都应该具备封面、扉页、账页这三个基本要素。账簿的基本要素如图 3-2 所示。

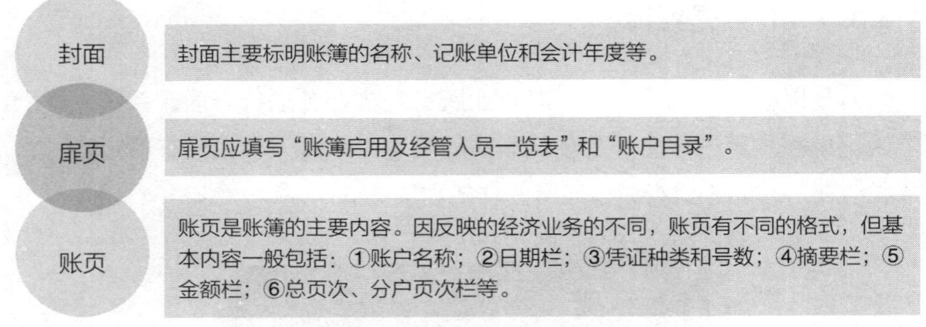

图 3-2 账簿的基本要素

账簿封面的样式如图 3-3 所示。

单位名称					
账簿册数	本年共	册	本册是第	册	
账簿页数	本册自	页至	页	共	页
会计年度	自 年 月 日至		年 月 日		
单位负责人		财务负责人			

图 3-3 账簿封面的样式

实操笔记

【单选题】下列选项中，不属于账簿基本要素的是（　）。

A. 底页　　B. 封面

C. 扉页　　D. 账页

答案：A

3.2 账簿的分类

王先生是某公司一名非常有经验的会计，所以公司领导让他负责对新入职的会计进行培训。在某次培训时，他拿来了一摞不同类别的账簿，惹得学员们都感叹自己从来没有见过这么多的账簿，这时李先生对学员们说，账簿的种类虽然多，但是我们可以根据每个账簿所具有的特点将其分类，这样有助于我们更有效地开展工作。

账簿种类繁多，为了更好地区别和运用它们，我们一般按用途不同、账页格式不同和外形特征不同对其进行分类。账簿的分类如表 3-1 所示。

表 3-1　账簿的分类

分类标准	名称	分类细则
按用途不同分类	日记账簿	按经济业务发生时间的先后顺序，逐日逐笔进行连续登记的账簿
	分类账簿	按账户（会计科目）进行分类登记经济业务的账簿
	备查账簿	对某些在日记账簿和分类账簿中未能记载的经济业务事项进行补充登记的账簿
按账页格式不同分类	三栏式账簿	设有借方、贷方和余额三个金额栏目的账簿
	多栏式账簿	在借方或贷方分别设专栏，登记有关经济业务明细情况的账簿
	数量金额式账簿	分别在借方、贷方和余额三栏下，进一步分设数量、单价和金额三栏，以反映财产物资的实物数量和价值量的账簿
按外形特征不同分类	订本式账簿	在启用前将已编好序号的若干账页固定装订成册的账簿
	活页式账簿	在账簿登记完毕之前并不将账页固定装订在一起，而将其把装订在账夹内，可以随时取放的账簿
	卡片式账簿	由具有一定格式的硬纸卡片组成，存放在卡片箱或卡片夹中可以随时取放的账簿

3.2.1 按用途不同分类

按用途不同，账簿可以分为日记账簿、分类账簿和备查账簿。

1. 日记账簿

日记账簿又称序时账簿，是指按经济业务发生时间的先后顺序，逐日逐笔进行连续登记的账簿。按记录的经济业务内容不同，日记账簿又可以分为普通日记账和特种日记账。普通日记账的记录对象是会计主体全部经济业务的发生及完成情况；而特种日记账的记录对象则是某一类经济业务的发生及完成情况。在会计实务中，企业一般只设置库存现金日记账和银行存款日记账这两种特种日记账，以便及时、系统、全面地反映库存现金、银行存款等资金的增减变动情况，同时方便随时对账、查账。

2. 分类账簿

分类账簿是指按账户（会计科目）进行分类登记经济业务的账簿。分类账簿是编制财务报表的主要依据，也是账簿体系的主干。按反映经济业务内容的详略程度不同，分类账簿又可以分为总分类账和明细分类账。

总分类账简称总账，是指根据总分类科目（一级会计科目）设置的账簿，按一级会计科目所规定的核算内容进行核算。总分类账可以提供以货币计量的、总括反映经济业务内容的核算资料。

明细分类账简称明细账，是根据总分类账所属明细科目（二级会计科目）设置的账簿，按明细科目所规定的核算内容进行核算。明细分类账主要利用货币计量，个别明细分类账也可以同时使用实物等指标进行详细的核算。明细分类账是对总分类账的补充和说明。

3. 备查账簿

备查账簿又称辅助账簿，是指对某些在日记账簿和分类账簿中未能记载的经济业务事项进行补充登记的账簿，它能提供很多有用的参考资料和信息。备查账簿一般没有固定格式，也不是必须设置和登记的账簿，会计人员可以根据需要来进行设置和设计。较为常见的备查账簿有代销商品登记簿、应收票据登记簿、应付票据登记簿、租入固定资产登记簿、受托加工物资登记簿等。

3.2.2 按账页格式不同分类

按账页格式不同，账簿可以分为三栏式账簿、多栏式账簿和数量金额式账簿。

1. 三栏式账簿

三栏式账簿是指设有借方、贷方和余额三个金额栏目的账簿，这三个金额栏目分别反映资金的增加、减少和结余。一般情况下，各种日记账、总分类账，以及登记资本、债权、债务的明细账均采用三栏式账簿。

2. 多栏式账簿

多栏式账簿是指在借方或贷方分别设专栏，登记有关经济业务明细情况的账簿。收入、成本、费用明细账一般采用多栏式账簿，如，生产成本明细账、管理费用明细账、制造费用明细账等。

3. 数量金额式账簿

数量金额式账簿是指分别在借方、贷方和余额三栏下，进一步分设数量、单价和金额三栏，以反映财产物资的实物数量和价值量的账簿。这类账簿适用于既要进行金额核算，又要进行实物核算的各种财产物资类账簿，如原材料明细账、库存商品明细账等。

做账
小课堂

账户与账簿有着十分密切的关系：账户存在于账簿之中，账簿中的账页是账户的存在形式和载体，没有账簿，账户就无法存在；而账簿序时、分类地记载经济业务是在个别账户中完成的，因此，账簿只是一个外在形式，账户才是它的真实内容。

3.2.3 按外形特征不同分类

按外形特征不同，账簿可以分为订本式账簿、活页式账簿和卡片式账簿。

1. 订本式账簿

订本式账簿是指在启用前将已编好序号的若干账页固定装订成册的账簿。这种账簿可以有效地防止账页散失和非法抽换账页，有利于保证账簿的完整和安全。但不可否认的是，装订成册后的账簿灵活性较差，不便于分工记账和增减账页。订本式账簿主要适用于库存现金日记账、银行存款日记账和总分类账。

2. 活页式账簿

活页式账簿是指在账簿登记完毕之前并不将账页固定装订在一起，而是将其装订在账夹内，可以随时取放的账簿。在活页式账簿登记完毕之后（通常是一个会计年度结束之后），再将账页装订，加具封面，并给各账页连续编号。活页式账簿适用于明细分类账。

3. 卡片式账簿

卡片式账簿是指由具有一定格式的硬纸卡片组成，存放在卡片箱或卡片夹中可以随时取放的账簿。所有卡片都应连续编号。其实，卡片式账簿也是一种活页式账簿，只不过它不是装在活页账夹中，而是装在卡片箱内。卡片式账簿一般适用于固定资产明细账（卡）和低值易耗品明细账。

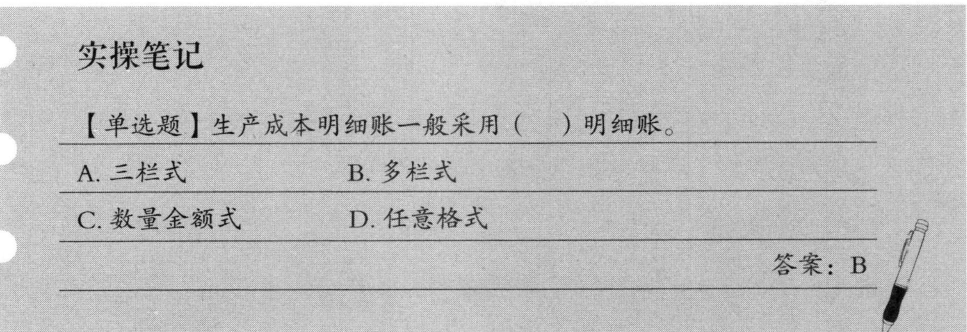
实操笔记

【单选题】生产成本明细账一般采用（　）明细账。

A. 三栏式　　B. 多栏式

C. 数量金额式　　D. 任意格式

答案：B

3.3 建账的原则

“没有规矩，不成方圆。”这句话在建账时亦适用，它可以体现出资深会计在给企业新入职的会计进行培训时，特别注重建账原则培训的原因。如果会计人员掌握了建账的原则，就是给做账工作开了个好头，更是为后续业务的开展打下了良好的基础。那么，会计人员在建账时需要遵循哪些原则呢？

3.3.1 建账的基本原则

会计人员在建账时应遵循以下基本原则。

1. 依法原则

《会计法》及其他相关规定对账簿的设置和操作有着一套严格的要求，比如，明确了企业必须设置包括总分类账、明细分类账、日记账簿和其他辅助性账簿在内的账簿，不允许在法定的账簿之外另设账簿。

2. 全面系统原则

账簿必须能够全面、系统地反映企业的生产经营情况，体现企业经济活动的状况，并为企业的生产经营提供所需的财务信息。

3. 组织控制原则

建账的管理分工要符合企业的组织架构，满足企业管理的需求，要有利于加强岗位责任制和内部控制制度，有利于财产物资的管理，便于账目核对，以保证企业各项财产物资的安全、完整和有效使用。

4. 科学合理原则

会计人员应根据不同账簿的作用和特点建账，从而使其结构更严谨、科学。账目内容存在关联的账簿要能够互相佐证，以保证账簿的内容不出现问题。账簿的格式设计应该做到简洁明了，以提高财务信息处理和利用的效率。

3.3.2 日记账簿的建账原则

企业一般应设置库存现金日记账和银行存款日记账，以便逐日核算与监督库存现金和银行存款的收入、付出和结存情况。

库存现金日记账和银行存款日记账的建账原则主要有以下两点。

1. 账页的格式一般采用三栏式

库存现金日记账和银行存款日记账账页的格式一般采用三栏式，这种格式的账页一般设借方、贷方和余额三栏，并在借方、贷方两栏中设有对方科目栏。如果收付款凭证数量较多，为了简化记账手续和通过库存现金日记账或银行存款日记账汇总登记总账，也可以采用多栏式。如果采用多栏式后的库存现金日记账或银行存款日记账因较多的会计科目造成自身篇幅过大，那么还可以分设库存现金或银行存款收入日记账和库存现金或银行存款支出日记账。

2. 日记账必须采用订本式账簿

库存现金和银行存款是企业流动性最强的资产，为保证账簿资料的安全、完整，库存现金日记账和银行存款日记账必须采用订本式账簿。

3.3.3 总分类账的建账原则

总分类账是用来分类登记企业所有会计信息的账目，主要包括资产、负债、所有者权益、收入、利润等具有总结性、概括性的会计信息。总分类账是根据一级会计科目设置的账簿。

总分类账的建账原则主要有以下三点。

1. 总分类账的会计科目名称应与国家统一会计制度规定的会计科目名称一致

为了保证总分类账内容的质量，企业应根据自身的行业特点和生产经营内容设置总分类账，且总分类账的会计科目名称应与国家统一会计制度规定的会计科目名称一致。

2. 根据已经确定好的账务处理程序选择总分类账的格式

总分类账的格式主要有三栏式、多栏式等，企业应根据已经确定好的账务处理程序选择总分类账的格式。

3. 总分类账应采用订本式账簿

在手工做账的情况下，总分类账一般都采用订本式账簿来进行账务处理，这是为了确保总分类账记录的安全和完整。当会计人员以电算化的方式来处理账务时，打印出来的总分类账编号必须是连续的，通过审核后，再由相关的会计人员进行签字、盖章。

3.3.4 明细分类账的建账原则

明细分类账是按明细分类账户开设的，用来分类登记某类经济业务详细情况，提供明细核算资料的账簿。总分类账和明细分类账，统称分类账簿，是按照账户对经济业务进行分类核算和监督的账簿。

明细分类账的建账原则主要有以下三点。

1. 明细分类账的会计科目名称应根据国家统一会计制度的规定和企业管理的需要设置

国家统一会计制度对有些明细分类账的会计科目名称做出了明确规定，但对有些只规定了设置的方法和原则。对于有明确规定的，企业在建账时应按照国家统一会计制度的规定设置明细分类账的会计科目名称；对于没有明确规定的，企业在建账时应按照国家统一会计制度规定的方法和原则及企业管理的需要设置明细分类账的会计科目名称。

2. 根据财产物资管理的需要选择明细分类账的格式

明细分类账的格式主要有三栏式、多栏式和数量金额式，企业应根据财产物资管理的需要选择明细分类账的格式。

3. 明细分类账一般采用活页式账簿

明细分类账一般采用活页式账簿，这种账簿的优点为使用方便，便于账页的重新排列和记账人员的分工。但是，活页式账簿的账页容易散失和被随意抽换，因此，会计人员在使用时应按顺序编号并装订成册，注意妥善保管。

3.3.5 备查账簿的建账原则

备查账簿是一种辅助性账簿，是对某些在日记账簿和分类账簿中未能记载的经济业务事项进行补充登记的账簿。

做账小课堂

备查账簿只是对其他账簿记录的一种补充，与其他账簿之间不存在严密的依存和勾稽关系。

备查账簿的建账原则主要有以下三点。

1. 备查账簿应根据国家统一会计制度的规定和企业管理的需要设置

并不是每个企业都要设置备查账簿，企业应根据自身管理的需要来设置，但是对于国家统一会计制度规定必须设置备查账簿的会计科目，如应收票据、应付票据等，必须按照国家统一会计制度的规定设置备查账簿。

2. 备查账簿的格式由企业自行确定

备查账簿没有固定的格式，与其他账簿之间也不存在严密的依存和勾稽关系，所以其格式可由企业根据自身内部管理的需要自行确定。

3. 备查账簿一般采用活页式账簿

为方便使用，备查账簿一般采用活页式账簿。与明细分类账一样，为保证账簿的安全、完整，会计人员在使用备查账簿时应按顺序编号并装订成册，注意妥善保管，以防账页丢失。

实操笔记

【单选题】下列选项中，不属于建账基本原则的是（ ）。

A. 依法原则　　B. 简洁明了原则

C. 全面系统原则　　D. 组织控制原则

答案：B

3.4 建账时需要注意的问题及建账的基本程序

李先生是某公司一名非常有经验的会计，他在给公司新入职的会计进行培训时，发现很多刚入职不久的年轻会计在建账时总会忽略一些需要注意的问题，且不按基本程序来建账，这导致他们设置的账簿与企业的具体情况并不契合，从而出现大量无用会计科目。

通过以上案例可以发现，在建账时，正是由于一些会计人员对一些小细节和建账基本程序的不重视，才在建账过程中出现了大量问题。为了帮助大家更好地掌握建账工作，本节介绍了建账时需要注意的问题和建账的基本程序。

3.4.1 建账时需要注意的问题

对于企业而言，发展初期能否将账目理顺、厘清，对企业后续的发展有着很大的影响，因此，企业的会计人员在建账时应该格外注意以下四点。

1. 相关材料是否齐全

在建账前，会计人员应该确认相关企业的证件、营业执照、章程等材料是否齐全。

2. 与企业相匹配

一般情况下，规模大的企业，其业务量大，分工复杂，其账簿的需求量也多；规模小的企业，其业务量小，其账簿的需求量也小。因此，企业建账要与自身相匹配，要满足企业的管理需要，不能盲目建账、重复建账。

3. 选择合适、合理的账务处理程序

账务处理程序的确定意味着账簿的确定，因此，账务处理程序也需要和企业规模的大小、业务量的大小、会计人员的数量、采用的核算形式，以及做账的方式相匹配。

4. 未取得票据的资产入账

一般情况下，企业生产经营过程中的存货、固定资产等是无法开具发票的，这时，会计人员可以根据清算结果将其编制入账。但是，由于税务机构多不承认这些存货形成的主营业务成本、固定资产折旧形成的成本，因此会计人员需要在所得税汇算清缴时进行纳税调整。如果固定资产是通过验资报告反映出来的，那么会计人员根据相关财产的证明，在跟税务机构沟通后，在清算税务时可以不做纳税调整。

做账小课堂

对于未取得相应票据的固定资产，会计人员可采用以下四种方式入账：

①以表外资产的形式入账；

②通过评估的方式，取得公允价值，以此入账；

③认可其他原始凭证（如收据）对取得成本的证明作用，可以按取得成本入账；

④先不入账，等到一定时期作为盘盈资产处理，按重置成本入账。

3.4.2 建账的基本程序

建账的基本程序如图 3-4 所示。

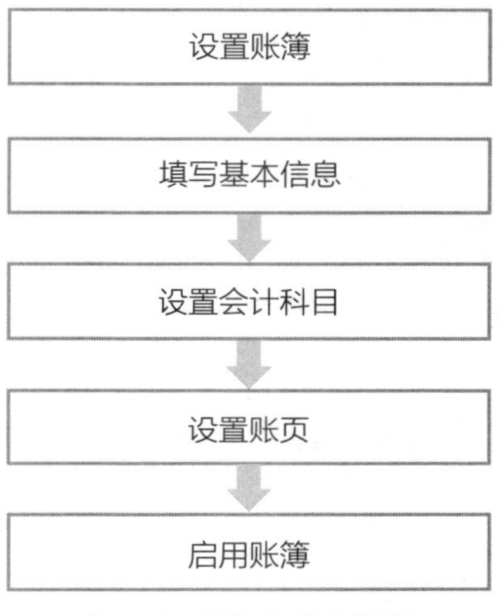

图 3-4 建账的基本程序

1. 设置账簿

企业需要设置的账簿有日记账簿、分类账簿和备查账簿。其中，日记账簿还包括库存现金日记账和银行存款日记账两种账簿；分类账簿还包括总分类账和明细分类账两种账簿。会计人员需要按照所用账簿的格式要求，预备各种账页，并将账页用账夹装订成册，例如，库存现金日记账和银行存款日记账采用订本式账簿，明细分类账则采用活页式账簿。

2. 填写基本信息

账簿都有封面和账簿启用及经管人员一览表，只有将其中的基本信息填写完成后才能确认账簿的具体作用。账簿启用及经管人员一览表的样式如表 3-2 所示。

表 3-2　账簿启用及经管人员一览表的样式

<table>
<tr><td colspan="12">账簿启用及经管人员一览表
账簿名称：＿＿＿＿＿＿　单位名称：＿＿＿＿＿＿
账簿编号：＿＿＿＿＿＿　账簿册数：＿＿＿＿＿＿
账簿页数：＿＿＿＿＿＿　启用日期：＿＿＿＿＿＿
会计主管：＿＿＿＿＿＿　记账人员：＿＿＿＿＿＿</td></tr>
<tr><td colspan="3">移交日期</td><td colspan="2">移交人</td><td colspan="3">接管日期</td><td colspan="2">接管人</td><td colspan="2">会计主管</td></tr>
<tr><td>年</td><td>月</td><td>日</td><td>姓名</td><td>签章</td><td>年</td><td>月</td><td>日</td><td>姓名</td><td>签章</td><td>姓名</td><td>签章</td></tr>
<tr><td></td><td></td><td></td><td></td><td></td><td></td><td></td><td></td><td></td><td></td><td></td><td></td></tr>
<tr><td></td><td></td><td></td><td></td><td></td><td></td><td></td><td></td><td></td><td></td><td></td><td></td></tr>
<tr><td></td><td></td><td></td><td></td><td></td><td></td><td></td><td></td><td></td><td></td><td></td><td></td></tr>
<tr><td></td><td></td><td></td><td></td><td></td><td></td><td></td><td></td><td></td><td></td><td></td><td></td></tr>
</table>

3. 设置会计科目

设置会计科目时应当根据相应的规定和规范来进行设置。

4. 设置账页

一般的账簿，会计人员不需要对账页进行特殊的设置，但是总分类账和明细分类账需要会计人员依次按照资产类、负债类、净资产类、收入类、支出类的顺序把所需会计科目名称写在账页上方横线上，或直接加盖科目章。对于会计科目较多的支出类等明细分类账，会计人员可以使用多栏式账簿，分项目列示。

5. 启用账簿

在启用订本式账簿时，应当从第一页到最后一页按账页编号顺序依次使用，不得出现跳页、缺页或缺号的情况。在启用活页式账簿时，应当按账户顺序编号，并在到期后装订成册；装订完成后，再按实际使用的账页顺序编定页码，另设账户目录来标明每个账户的名称和页次，并粘贴索引纸（账户标签），以便检索。

当记账人员更换、移交账簿时，应在会计主管的监督下办好交接手续，并在账簿启用及经管人员一览表和其他相关交接记录中登记，并由交接双方和会计主管签字盖章。

无论是启用条件，还是登记要求，抑或是中途的交接和保管制度，我们都能从中看出账簿在会计工作中的重要性。为了做好建账工作，会计人员不仅需要掌握好这些基础的理论知识，更要有责任心。

实操笔记

【判断题】在启用订本式账簿时，不需要从第一页到最后一页按账页编号顺序依次使用，出现跳页、缺页或缺号的情况也不用管。（ ）

答案：错

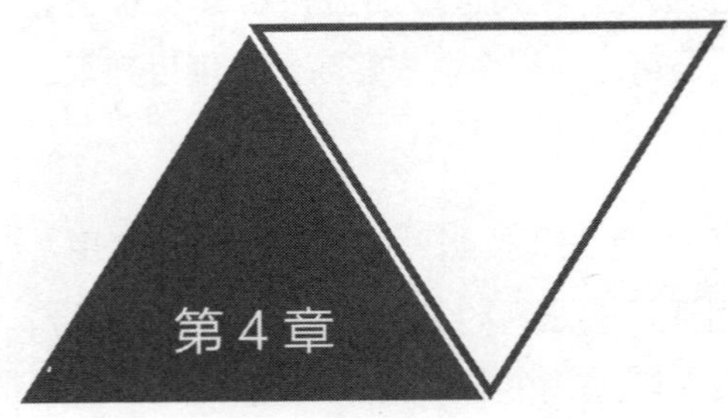

会计凭证：为记账提供依据

会计凭证是会计人员记账的重要依据，是整个会计工作的源头。会计凭证可分为原始凭证和记账凭证，每一张凭证的填制、审核、传递、保管都有一套严格的标准，只有这样才能保证会计核算的真实性和准确性。

4.1 会计凭证的“左膀右臂”：原始凭证和记账凭证

老张是A公司的一名会计，他最近总是愁眉苦脸的，因为他的母亲被检查出患有恶性肿瘤，且需要一大笔的医药费进行治疗。虽然老张的工资不低，但是在高昂的医药费面前，他还是有点力不从心。这个时候有人找到老张，让他去销毁A公司的一些会计凭证，并答应事后支付他一大笔费用，面对这种诱惑老张应该如何应对？

《会计法》第四十四条明确规定：“隐匿或者故意销毁依法应当保存的会计凭证、会计账簿、财务会计报告，构成犯罪的，依法追究刑事责任。”作为一名知法、懂法的会计，老张自然不会去做这种事情。他知道会计凭证是反映企业经济业务的重要凭据，在会计实务中发挥着重要作用，因此，他宁愿生活苦一点也要坚守自己的职业底线。

通过以上案例我们可以看出，会计凭证是非常重要的。在实际工作中，会计人员最常接触的会计凭证有原始凭证和记账凭证，这两种凭证大不相同，在正式了解这两种凭证之前，我们应先了解一下会计凭证的相关知识。

4.1.1 什么是会计凭证

首先，让我们来认识一下什么是会计凭证。

1. 会计凭证的概念

会计凭证是指会计工作中用以记录经济业务、明确经济责任的书面证明，是登记账簿的依据。在现实生活中，会计凭证可以反映相关经济利益关系，为相关人员维护合法权益提供法律证据。因此，为了明确各方经济利益关系，监督各方履行相关义务和保障各方的权益，所有会计核算资料都必须有记录、有依据，以确保会计核算的真实性和合法性。因此，只有在确认会计凭证真实可靠、合法合规后，会计人员才能将其登记入账，并进行会计核算。

2. 会计凭证的分类

根据会计核算和监督的需要可以将会计凭证分为不同的类别。按填制程序和用途不同，会计凭证可以分为原始凭证和记账凭证两大类。其中，按来源不同，原始凭证又可以分为自制原始凭证和外来原始凭证，记账凭证又可以分为收款凭证、付款凭证和转账凭证。会计凭证的分类如图 4-1 所示。

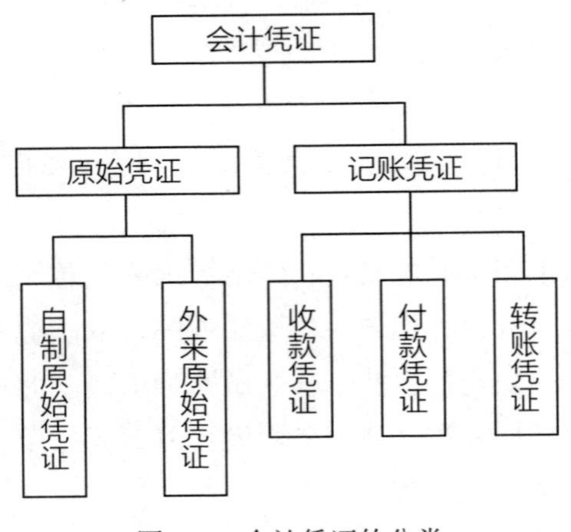

图 4-1　会计凭证的分类

4.1.2　会计凭证的作用

（1）会计凭证可以记录经济业务，提供记账依据

准确填制会计凭证可以及时、如实地反映各项经济业务的内容及其完成情况，为会计核算和管理提供准确的一手资料；而且，会计凭证是登记账簿的重要依据，如果没有会计凭证，我们就无法记账。

（2）会计凭证可以明确经济责任，强化内部控制

会计凭证上不仅如实记录了所有的经济往来信息，而且还有相关部门和人员的签字和盖章，这就意味着相关部门和人员必须对经济活动的真实性、准确性、合法性负责。因此，会计凭证具有明确经济责任的作用。

通过明确经济责任，企业的内部部门或人员之间会形成互相牵制、互相监督的关系，从而有效防止财务舞弊，强化内部控制。

（3）会计凭证可以监督经济活动，控制经济运行

企业发生的每项经济业务，都要取得或填制相应的会计凭证，只有这样才

能保证各项经济业务的发生有真凭实据，防止弄虚作假，一旦发现问题也可以及时追查，因此，会计凭证对经济活动能够起到有效的监督作用。

在审核会计凭证的过程中，我们可以检查和监督企业的各项经济业务是否合法、是否符合计划和预算等。一旦发现问题，应及时采取纠正或补救措施，这样以来，我们就实现了对经济活动的事中控制。

4.1.3 什么是原始凭证

原始凭证是指在经济业务发生或完成时取得或填制的，用以记录和证明经济业务的发生或完成情况的文字凭据。它们是在经济业务发生过程中直接产生的，是会计核算的原始资料。常见的收款收据、入库单、发票、用于报销的车票等都是原始凭证。

需要注意的是，凡是不能证明经济业务已经发生或完成的凭证或文件，都不能作为记账的依据，都不是原始凭证，比如，购销合同、银行存款余额调节表、预算计划等都不是原始凭证。

1. 原始凭证的分类

企业的经济活动多种多样，而且每项业务都有其各自的原始凭证，所以原始凭证的形式也是多种多样的。原始凭证的分类如表 4-1 所示。

表 4-1 原始凭证的分类

分类标准	细则	具体内容
按来源不同分类	自制原始凭证	由本单位内部经办经济业务的部门或人员，在办理某项经济业务时所填制的原始凭证，如领料单、入库单、出库单、成本计算单等
	外来原始凭证	在经济业务发生或完成时，从外单位取得的原始凭证，如发票等
按格式不同分类	通用凭证	由有关部门统一印制、在一定范围内使用、具有统一格式和使用方法的原始凭证，如增值税发票、支票、商业汇票等
	专用凭证	由单位自行印制、仅在本单位内部使用的原始凭证。这种凭证一般在名称之前写上单位名称，如“×××× 公司的折旧计算表”“×××× 公司的工资表”等

自制原始凭证又可以分为一次凭证、累计凭证、汇总凭证、记账编制凭证。

（1）一次凭证

一次凭证是只反映一项或同时反映若干项同类性质经济业务、填制手续是一次性完成的原始凭证，如收料单、借款单、差旅费报销单等。

（2）累计凭证

累计凭证是在一定时期内多次记录发生的同类性质经济业务，且多次有效的原始凭证，如限额领料单。

（3）汇总凭证

汇总凭证，又称原始凭证汇总表，是根据同一时期内若干份记录同类性质经济业务的原始凭证编制而成的凭证，如发料汇总表、工资结算汇总表等。

（4）记账编制凭证

根据账簿记录和经济业务的需要编制的一种自制原始凭证。记账编制凭证是根据账簿记录，把某一项经济业务加以归类、整理而重新编制的一种会计凭证。

2. 原始凭证的基本要素

原始凭证的种类多种多样，反映的经济业务和具体内容也不尽相同。但是，所有的原始凭证都必须具备一些基本要素，否则就是无效的。原始凭证的基本要素如图 4-2 所示。

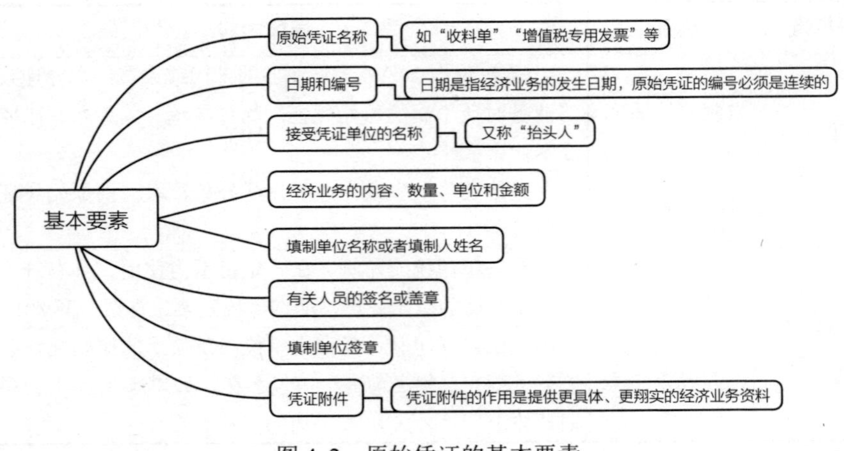

图 4-2　原始凭证的基本要素

增值税电子普通发票票样如图 4-3 所示。该票样包含了除“凭证附件”外的所有原始凭证基本要素。我们在填制和审核原始凭证时应仔细检查这些基本要素是否齐全。

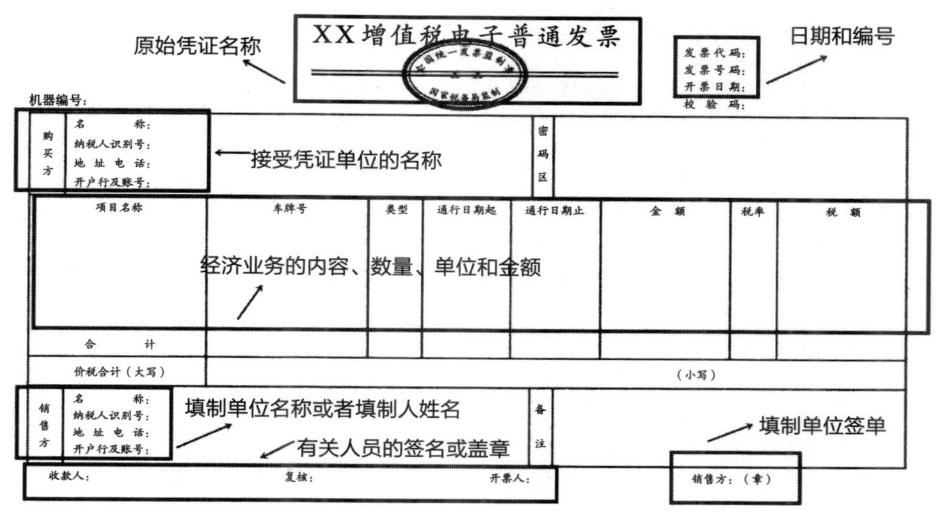

图 4-3 增值税电子普通发票票样

4.1.4 什么是记账凭证

记账凭证是会计人员根据审核无误的原始凭证填制的、可以作为记账依据的会计凭证。它记载了反映经济业务内容的会计分录，指明了经济业务应记入的账户名称、应记方向及应记金额，是登记总分类账和明细类账的依据。一般情况下，记账凭证需要附有相关的原始凭证及附件。

正确填制记账凭证不仅可以提高记账效率、减少记账错误，还方便了对账和查账，可以大大提高记账的质量。

1. 记账凭证的分类

记账凭证有多种类别：如果按反映的经济业务内容不同分类，记账凭证可分为通用记账凭证、收款凭证、付款凭证和转账凭证；如果按填列方式不同分类，记账凭证可分为单式凭证和复式凭证。记账凭证的分类如表 4-2 所示。

表 4-2 记账凭证的分类

分类标准	具体类别	具体内容	备注
按反映的经济业务内容不同分类	通用记账凭证	通用记账凭证是指格式具有通用性，可以记录各种经济业务的记账凭证	通用记账凭证通常适用于规模小、会计业务少、经济业务比较简单的企业
	收款凭证	收款凭证是指用于现金及银行存款收款业务的记账凭证，根据现金和银行存款收款业务的原始凭证填制	三者同属于专用记账凭证，是格式专用、适用特定业务种类的记账凭证
	付款凭证	付款凭证是指用于现金及银行存款付款业务的记账凭证，根据现金和银行存款付款业务的原始凭证填制	
	转账凭证	转账凭证是指用于不涉及现金和银行存款收付款业务的记账凭证，根据有关转账业务的原始凭证填制	
按填列方式不同分类	单式凭证	单式凭证是指每张记账凭证只填列经济业务事项所涉及的一个会计科目及其金额的记账凭证，又可以分为借项记账凭证（填列借方科目）和贷项记账凭证（填列贷方科目）	单式凭证便于按科目汇总，有利于分工填制凭证和记账。但它不利于反映经济业务的全貌，如果出了问题，查找起来也十分困难；而且单式凭证的数量众多，难以装订和保管
	复式凭证	复式凭证是指将每笔经济业务事项所涉及的全部会计科目及其发生额均在同一张凭证中反映的记账凭证	复工凭证不便于分工记账和汇总计算每个会计科目的发生额

做账小课堂

将专用记账凭证划分为收款凭证、付款凭证、转账凭证，有利于区别不同经济业务，并对其进行分类管理，还有利于经济业务的检查，但细致的凭证划分会导致核算工作量加大，只适用于规模较大，收付款业务较多的企业。规模小、会计业务少、经济业务比较简单的企业建议使用通用记账凭证。

对于现金和银行存款之间的相互划转业务，为了防止业务重复处理，应填制付款凭证，不填制收款凭证。例如，将现金存入银行、从银行提取现金或银行存款各账户之间的相互划转等业务均应填制付款凭证。

如果企业货币资金的收付业务较多，还可以将收款凭证和付款凭证具体划分为库存现金收款凭证、库存现金付款凭证、银行存款收款凭证和银行存款付款凭证。

2. 记账凭证的基本要素

记账凭证的种类多样，内容和形式也不尽相同，但无论哪种记账凭证，都少不了以下八个基本要素。记账凭证的基本要素如图 4-4 所示。

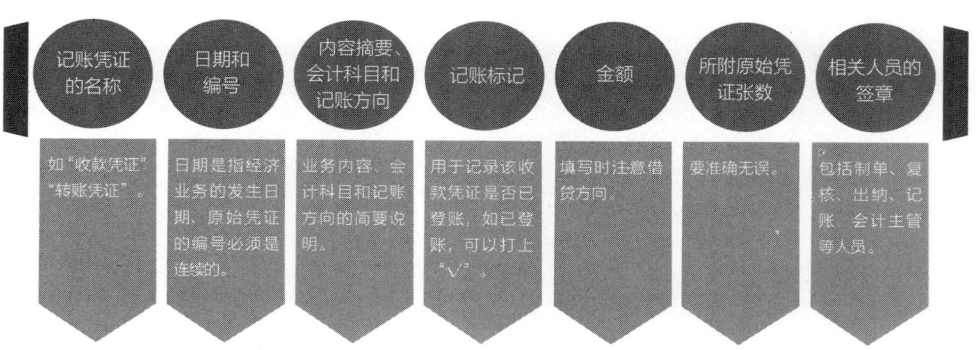

图 4-4　记账凭证的基本要素

收款凭证的基本要素如图 4-5 所示。我们在填制和审核记账凭证的时候，应该仔细检查这些基本要素是否齐全。

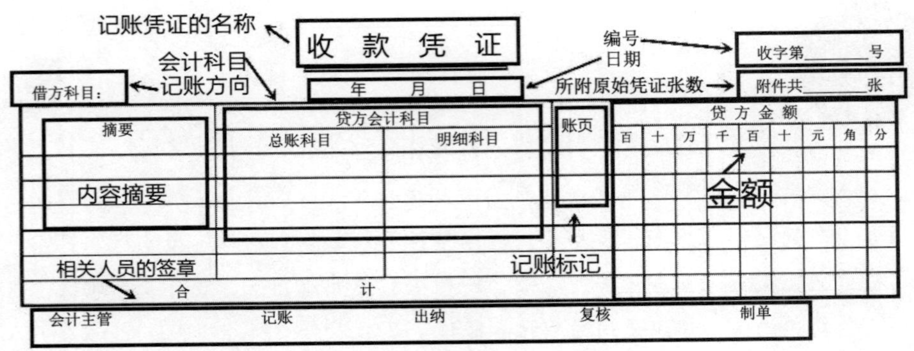

图 4-5　收款凭证的基本要素

实操笔记

【单选题】下列选项中，不属于记账凭证基本要素的是（　）。

A. 日期和编号　　B. 金额

C. 所附原始凭证张数　　D. 审核要求

答案：D

♻ 4.2 原始凭证的填制与审核

小李在一家会计师事务所工作，负责为多家企业做账，最近她刚刚接手了一家小企业的账目。在正式开始做账之前，小李的一项重要工作就是填制与审核原始凭证。

在实际工作中，原始凭证的填制与审核工作有一定的规范和要求，如果想要很好地完成做账工作，就必须了解这些规范和要求。

4.2.1 原始凭证的填制

因为涉及经济活动和业务往来，所以原始凭证的填制有一定的要求和方法，下面让我们来了解一下这些要求和方法。

1. 原始凭证的填制要求

为了保证会计核算资料的真实性、准确性和及时性，会计人员在填制原始凭证时必须遵守以下七个要求。

（1）内容完整

原始凭证必须按规定的格式和内容逐项填写，并保证项目齐全、内容完整，不得遗漏或省略内容。在填写原始凭证时，要按原始凭证的实际日期填写；名称要写全，不能简化；品名和用途要写明确；有关人员签章要齐全。

（2）记录真实

原始凭证的各项内容必须根据真实情况填制，反映的经济业务必须真实可靠，符合实际情况。原始凭证中实物的数量和金额要计算、核对无误后填写，不得以估算、匡算结果填入。

（3）手续完备

原始凭证的各项手续必须完备。比如，自制原始凭证必须有经办单位领导或其他指定人员的签章；对外开出的原始凭证必须加盖本单位公章；从外单位取得的原始凭证必须加盖填制单位的公章；从个人取得的原始凭证必须有填制人员的签章。

（4）书写规范

原始凭证应该按照规范填制，文字简要，字迹清楚、易于辨认，不可使用简化字或谐音字。具体要求见本书 2.2 节。

（5）编号连续

原始凭证的编号必须是连续的。如果原始凭证已预先印制编号，在写坏作废时，千万不要撕毁，应加盖“作废”戳记，并妥善保管。

（6）不得随意更改

原始凭证不得涂改、刮擦和挖补，若金额有错误，应当由出具单位重开或更正，而且，更正处应当加盖出具单位印章。

（7）填写及时

各种原始凭证一定要及时填写，并按规定的程序及时送交会计机构进行审核。

2. 自制原始凭证的填制方法

通过前文可以知道，原始凭证按来源不同可以分为外来原始凭证和自制原始凭证。外来原始凭证是企业同外单位发生经济业务时，由外单位的经办人员填制的；而自制原始凭证则是由本单位经办人员根据经济业务的发生或完成情况填制的。

接下来，我们来看一看自制原始凭证的填制方法。

（1）一次凭证的填制方法

一次凭证通常只反映一项经济业务，或者同时反映若干项同类性质经济业务，应在经济业务发生或完成时，由相关人员一次性填制完成。在填制一次凭证时，应将凭证所列项目按照从上到下、从左到右的顺序依次填写，避免漏填和错填。

（2）累计凭证的填制方法

累计凭证是在一定时期内多次记录发生的同类性质经济业务，且多次有效的原始凭证。它是在每次经济业务完成后，由经办人员在同一张凭证上面重复填制完成的。

（3）汇总凭证的填制方法

汇总凭证是根据同一时期内若干份记录同类性质经济业务的原始凭证编制

而成的凭证，由相关人员汇总同时期、反映同类经济业务的原始凭证后填制完成。各单位对汇总时间的要求不尽相同，如每 5 天、10 天、15 天一汇总，或每月一汇总。

（4）记账编制凭证的填制方法

我们以制造费用分配表的填制为例来介绍记账编制凭证的填制方法。制造费用分配表是根据费用明细账记录的数字按费用的用途填制的。

4.2.2 原始凭证的审核

为了充分发挥会计人员的监督职能，会计机构必须对原始凭证进行严格的审核。只有审核通过的原始凭证，才能成为记账依据和会计核算资料。对原始凭证的审核必须抓住以下六个关键点。

1. 真实性

对原始凭证真实性的审核主要包括：日期是否真实；业务内容是否真实；数据是否真实；等等。另外，不同的原始凭证，其审核内容也有所不同。在审核自制原始凭证时，主要审核其是否有经办部门负责人和经办人的签章；在审核外来原始凭证时，主要审核其是否有填制单位的公章和填制人的签章；而在审核支票、发票、银行汇票等通用凭证时，则主要审核凭证本身的真实性。

2. 合法性

对原始凭证合法性的审核主要包括：所记录的经济业务是否符合国家有关政策和法规；审批手续是否完备；原始凭证的内容和形式是否合法、合规；等等。如果在审核过程中发现有违反政策、法规及财经纪律的情况，会计人员有权拒绝付款、报销和执行。此外，对于存在涂改、伪造、作假等现象的原始凭证，会计人员有权不予受理，并向相关负责人报告。

3. 完整性

对原始凭证完整性的审核主要包括：原始凭证的项目是否齐全；各项目的内容是否完整；有关人员的签章是否齐全；凭证联次是否正确；等等。对于项目不齐全、内容不完整的原始凭证，应该予以退回，并要求对方按规定进行更正和补充。只有原始凭证补充完整后，才能予以办理相关业务并登记入账。

4. 正确性

对原始凭证正确性的审核主要包括：原始凭证的填制方法和数字计算是否正确；摘要是否清楚；日期是否真实；大写金额数字和小写金额数字是否相符；是否存在刮擦、挖补、涂改和伪造痕迹的情况；等等。如原始凭证中出现上述情况，应按要求更正后再办理业务或登记入账。

5. 及时性

对原始凭证及时性的审核主要包括：填制日期是否及时；签发日期是否有效；等等。对于有些具有较强时效性的原始凭证，在审核时要特别注意。

6. 合理性

对原始凭证合理性的审核主要包括原始凭证所记录的经济业务是否符合企业生产经营活动的需要、是否符合有关的计划和预算等。如果原始凭证经审核后确定有使用预算结余购买不需要的物品、对陈旧过时设备进行大修理等情况，它就不能作为合理的原始凭证。

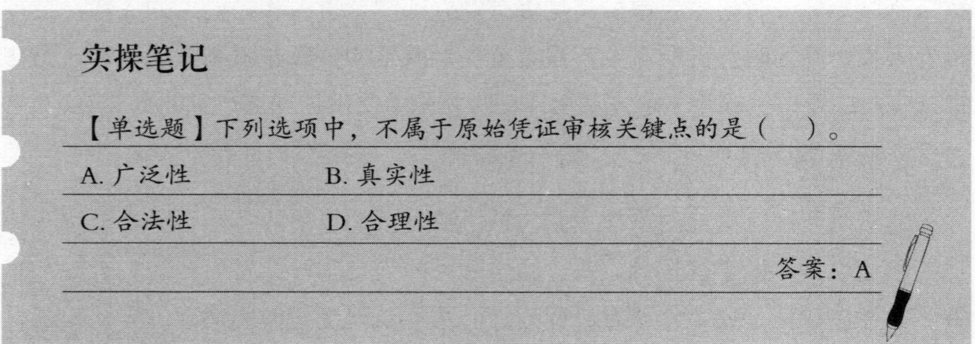

实操笔记

【单选题】下列选项中，不属于原始凭证审核关键点的是（　）。

A. 广泛性　　B. 真实性

C. 合法性　　D. 合理性

答案：A

♻ 4.3 记账凭证的填制与审核

老李是一家公司的资深会计，在他检查公司新入职会计做的账簿时，发现很多账簿的记账凭证填制得不标准，有的记账凭证没有附上相应的原始凭证，也没有标注原因，这让老李立马警觉起来，马上开始对公司所有新入职会计进行培训。

由以上案例可以看出，记账凭证的填制、审核与原始凭证的填制、审核一样重要，那么，下面让我们来简单了解一下如何填制与审核记账凭证。

4.3.1 记账凭证的填制

事实上，填制记账凭证的要求和填制原始凭证的要求是基本相同的，也要做到“内容完整、记录真实、手续完备、书写规范、编号连续、不得随意更改、填写及时”这七点。除此之外，在填制记账凭证时还要特别注意以下七个要求。

（1）按规定编号

在填制记账凭证时，应当按照记账凭证种类和业务发生顺序编号，如“收字1号”“付字1号”“转字1号”等，这种编号方法叫作“字号编号法”。当一项经济业务需要填制两张以上记账凭证时，则应该采取“分数编号法”进行编号，如“转字1½号”。

（2）准确填写会计分录

一般来说，会计分录的填写分为三步：第一步是找到相关的会计科目；第二步是明确科目的借贷方向；第三步是填写交易的金额。另外，在“一借多贷”或“多借一贷”的情况下，借方或贷方账户的名称和金额数字必须对齐，以便进行试算平衡。

“上借下贷、左右错开、金额对应相等”是经验丰富的会计前辈们总结出来的会计分录填写口诀，希望大家能够牢记在心。

会计人员在填制记账凭证时，要弄清应借、应贷的会计科目，并按要求填写，不得随意更改会计科目名称。

（3）正确填写摘要

摘要是对经济业务的简要说明，因而要用简明扼要的语言予以说明，并准确表达经济业务的主要内容。

（4）记账凭证应附有原始凭证

除结账和更正错误的记账凭证外，其他记账凭证必须附有原始凭证。如果一张原始凭证涉及多张记账凭证，可以把原始凭证附在其中一张最主要的记账凭证后，并在其他记账凭证上注明附有该原始凭证的记账凭证的编号，以便查阅。

（5）注销多余空行

在填制完记账凭证的经济业务事项后，如果还有空行，应当自金额栏最后一笔金额数字下的空行处至合计数上的空行处划线注销。划线注销法如图 4–6 所示。

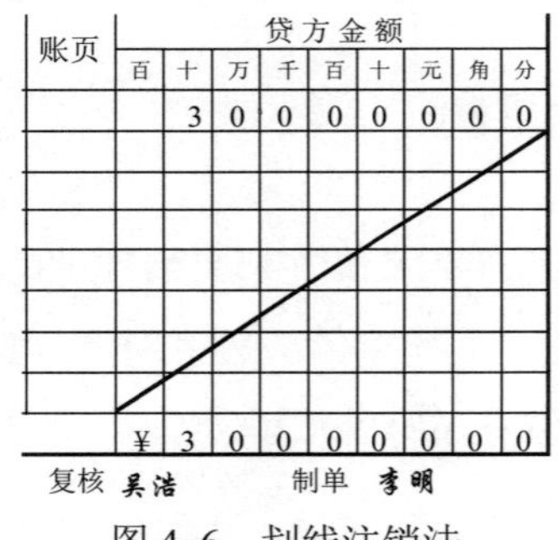

图 4–6　划线注销法

（6）记账凭证填制完毕，必须由相关负责人员签字和盖章。

（7）在填制记账凭证的过程中如果发现错误，要根据出现错误的时间及错误的类型，采取恰当的处理方法。比如，在凭证未登记入账前发现错误，应当重新填制凭证；在凭证已登记入账后发现错误，则应采取其他更正方法。

4.3.2　记账凭证的审核

记账凭证的审核与原始凭证的审核有共通之处，即都要讲求真实、合法、准确。为了保证会计信息的质量，会计人员在审核记账凭证时应该注意以下五个关键点。

1. 内容是否真实

审核记账凭证的第一个关键点是审核凭证是否真实，要看记账凭证是否有原始凭证作为依据、记账凭证的内容与原始凭证的内容是否一致、记账凭证汇总表的内容与其所依据的记账凭证的内容是否一致等。

2. 项目是否齐全

在审核记账凭证时，要看凭证的名称、日期和编号、内容摘要、会计科目、记账方向、记账标记、金额、所附原始凭证张数、相关人员的签章等项目是否齐全、准确。

3. 会计科目是否正确

会计人员应审核记账凭证中的会计科目是否正确、是否符合有关会计制度的规定。

4. 金额是否一致

金额一致是指记账凭证所记录的金额与原始凭证中的有关金额一致、记账凭证汇总表中的金额与记账凭证中的金额合计一致。此外，会计人员还要审核记账凭证中的数量、单价、金额计算是否正确。

5. 书写是否正确

记账凭证的书写规范与原始凭证相同。会计人员在审核记账凭证时，要重点关注凭证中的文字是否工整、数字是否清晰，是否有涂改、刮擦和挖补的痕迹，出现的错误是否按规定更正等。

在审核记账凭证的过程中，如果发现错误，必须及时查明原因，并按规定及时处理和更正。值得强调的是，无论是原始凭证，还是记账凭证，都必须在审核无误后，才能登记入账。

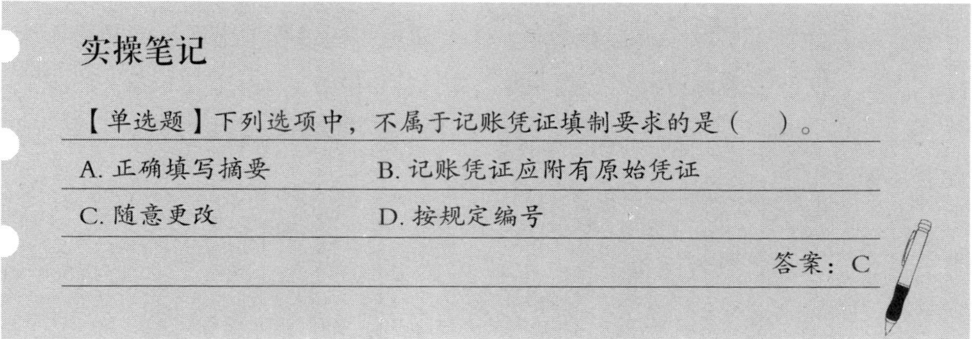
实操笔记

【单选题】下列选项中，不属于记账凭证填制要求的是（　）。

A. 正确填写摘要　　B. 记账凭证应附有原始凭证

C. 随意更改　　D. 按规定编号

答案：C

4.4 会计凭证的传递与保管

小王是A公司的一名会计主管，他准备去会计档案中心把近两年来A公司的会计凭证调出来，因为过几周上级单位要来检查A公司的会计凭证，希望到时能够及时呈送。当小王打开档案柜时，近两年A公司所有的会计凭证档案都整整齐齐地出现在他的面前。可见，A公司在会计凭证的传递与保管方面做得较好。

在实际的会计工作中，许多会计前辈一再强调会计凭证的重要性，希望大家能够对其引起重视，在填制、审核、传递和保管会计凭证的过程中做到尽职尽责。那么，我们应该怎样传递和保管会计凭证呢？

4.4.1 会计凭证的传递

会计凭证的传递是指会计凭证从填制或取得时起到归档保管时止，在单位内部有关部门和人员之间的传递程序和传递时间的总称。这一传递过程包括凭证的审核、记账和装订、归档保管几个环节。

会计凭证的传递需要满足企业内部管理的相关要求，其传递程序应该高效、合理。为了实现这一目的，一般企业在设置会计凭证传递程序时会从以下三个方面进行思考：

第一，根据经济业务的特点、内部机构设置、人员分工及经营管理的需要，规定各种会计凭证的联数和所经过的必要环节，既要使各有关部门和人员能够充分利用会计凭证了解经济业务情况，又要避免传递过程中出现不必要的环节。

第二，根据经济业务办理必要手续（如计量、检验、审核、登记等）的需要，确定凭证在各个环节停留的时间。要避免不必要的耽搁，让会计凭证以最快的速度传递。

第三，建立凭证交接的签收制度。为了保证会计凭证的安全和完整，应在各个环节指定专人办理交接手续，做到责任明确、手续完备而严密，并且便于执行。

为了确保会计凭证能够发挥及时反映各项经济业务、提供会计信息、实施会计监督的作用，会计凭证必须准确、及时地被传递。对于企业而言，会计凭证的传递在企业内部发挥着组织协调作用，是企业生产经营过程中不可或缺的一环。综上所述，会计凭证的传递主要发挥以下两点作用。

1. 有利于及时进行会计记录

从经济业务的发生到账簿登记具有一定的时间间隔，在这种情况下，会计凭证的及时传递能够使企业会计机构尽早地了解经济业务的发生和完成情况，从而及时记录经济业务，进行会计核算和实行会计监督。

2. 有利于完善经济责任制度

经济业务的发生、完成和记录是一个完整的过程，由不同的人员分工完成。会计凭证作为记录经济业务的重要证据，是明确经济责任的书面证明，是执行经济责任制度的必要条件。因此，当某个经济环节出现错误时，企业可以根据会计凭证来明确责任人和责任机构，并使其承担相应的责任。

企业的会计制度可以通过会计凭证传递程序和传递时间的规定，进一步完善企业的经济责任制度，为其他业务的开展提供服务。

4.4.2 会计凭证的保管

会计凭证的正确保管能够保障会计凭证的完整性、安全性及真实性。要想做好会计凭证的保管工作，我们在平时的工作中应该注意以下五点。

第一，在日常工作中，要将会计凭证装订成册，并交由专人保管。年终决算后，将全年会计凭证造册登记并集中归档保管，归档后的会计凭证应加贴封条，防止抽换。

在具体的操作过程中，会计凭证的装订有以下六项要求：

①用三针引线法[1]装订，装订时使记账凭证及其附件保持尽可能大的显露面，以便日后查阅；

②会计凭证外面要加封面，封面纸用较厚的牛皮纸印制，封面规格应略大于所附记账凭证；

③会计凭证封面应该包含凭证种类、起止号码、凭证张数、会计主管和装

---

[1] 三针引线法：装订凭证应使用棉线，在左上角部位打上三个针眼，实行三眼一线打结，结扣应是活的，并放在凭证封皮的里面。

订人员签章等信息；

④会计凭证厚度一般为 1.5 厘米，以保证装订牢固，美观大方；

⑤会计凭证一般每月装订一次，装订好的凭证按年分月妥善保管归档；

⑥在封面上编好卷号，按编号顺序入柜，并在显露处标明凭证种类编号，以便日后调阅。

第二，调阅已归档保管的会计凭证时，要履行审批手续，并做好登记工作。登记内容包括调阅人员姓名、凭证名称、调阅日期、调阅理由、所在单位或部门等。

第三，原始凭证概不外借，若其他企业或单位需要使用原始凭证，应经过本企业或本单位会计机构负责人、会计主管人员的批准。向其他企业或单位提供原始凭证的复制件时，要进行专门的登记，并由提供者和接收者分别签字盖章。

第四，严格按照会计制度的规定，执行会计凭证的保管期限。会计凭证的保管期限分为永久保管和定期保管，年度财务会计报告及某些涉外的会计凭证、账簿应永久保管，其他会计凭证应定期保管，会计凭证的保管期限为 30 年。

第五，会计凭证保管期满后方可销毁，但对会计凭证的销毁要严格按相关规定执行，登记造册并报单位领导审批后，才能销毁。

实操笔记

【单选题】关于会计凭证的保管，下列说法错误的是（　）。

A. 在日常工作中，要将会计凭证装订成册，并交由专人保管

B. 会计主管和装订人员应当在会计凭证封面上签字盖章

C. 原始凭证概不外借

D. 经上级领导批准后，会计凭证在保管期满前可以销毁

答案：D

第5章

记账：规范地登记账务

会计人员在记账时，必须根据相应原理，运用记账符号，遵循记账规则，采用一定的计量单位，利用文字和数字在账簿中登记经济业务。很多小微企业的账本之所以会成为“一本乱账”，就是因为管理者没有重视会计工作，没有聘请专业的会计人员，没有运用科学、专业的方法记账。

5.1 会计的基本记账方法

小魏曾是A公司的一名资深会计，不久前，他从A公司跳槽到了B公司。虽然刚到B公司工作，但他很快发现B公司的账目十分混乱。为了重新整理账目，小魏必须运用科学、专业的记账方法来登记B公司的各项经济业务。

那么，科学、专业的记账方法到底是什么呢？答案是，借贷记账法。在正式了解借贷记账法之前，我们应先了解单式记账法和复式记账法的相关内容。

5.1.1 单式记账法和复式记账法

单式记账法是指对每笔经济业务只在一个账户中进行登记的记账方法，其一般只登记现金和银行存款的收付业务及各种往来账项。单式记账法下的账户设置不完整，账户之间缺乏对应关系。

复式记账法是指对每项经济业务，都必须以相等的金额同时在两个或两个以上相互联系的账户中进行登记的记账方法。

在复式记账法下，又可分出三种具体的记账方法，分别是借贷记账法、增减记账法和收付记账法。其中，借贷记账法是目前世界上普遍采用的记账方法，也是我国现行《企业会计准则——基本准则》规定的记账方法。

与单式记账法相比，复式记账法具有以下两大优点：一是可以全面、系统地反映每项经济业务的来龙去脉；二是可以对账户记录的结果进行试算平衡，以便核对、检查。总之，复式记账法是一种科学的记账方法。

做账小课堂

我国会计行业对于借贷记账法的运用始于1908年。20世纪60年代以来，出现了一些新的记账方法，如增减记账法、收付记账法等。随着经济的发展，统一记账方法的需求越来越迫切。根据国家财政部在1992年11月30日颁布的《企业会计准则》，自1993年7月1日起，我国所有企业均采用借贷记账法。

现行的《企业会计准则——基本准则》第十一条规定："企业应当采用借贷记账法记账。"

5.1.2 借贷记账法

借贷记账法是以"借"和"贷"作为记账符号的一种复式记账法。它是建立在"资产＝负债＋所有者权益"这一会计恒等式的基础上，以"有借必有贷，借贷必相等"为记账规则，反映会计要素增减变动情况的一种复式记账方法。

1. 借贷记账法下的账户基本结构

在运用借贷记账法记账时，我们采用"借"和"贷"作为记账符号，账户的左边是"借方"，右边是"贷方"。

接下来，让我们分别了解一下损益类、费用类、资产类、负债类和所有者权益类账户的基本结构。

（1）损益类账户的基本结构

在损益类账户中，贷方登记增加额，借方登记减少额（转出数），结转后无余额。损益类账户的基本结构如图5-1所示。

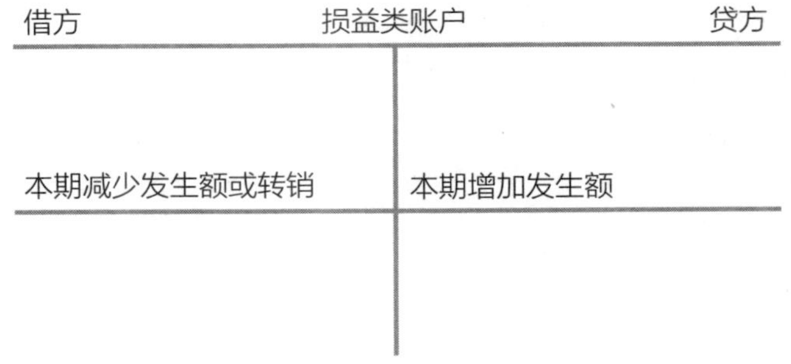

图5-1 损益类账户的基本结构

（2）费用类账户的基本结构

在费用类账户中，借方登记增加额，贷方登记减少额，结转后无余额。费用类账户的基本结构如图 5-2 所示。

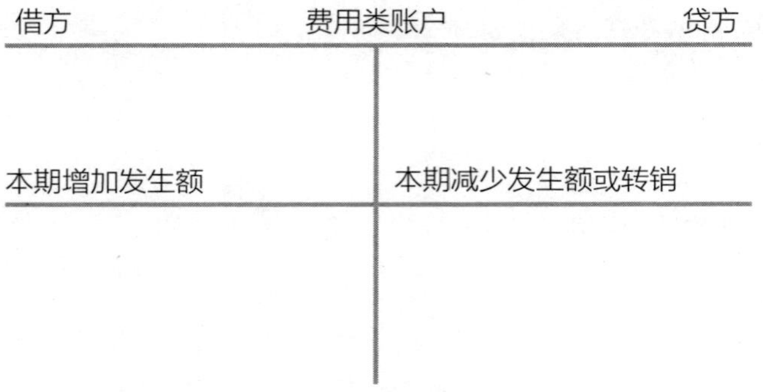

图 5-2　费用类账户的基本结构

（3）资产类账户的基本结构

在资产类账户中，借方登记增加额，贷方登记减少额。期末如有余额一般登记在借方。资产类账户的基本结构如图 5-3 所示。

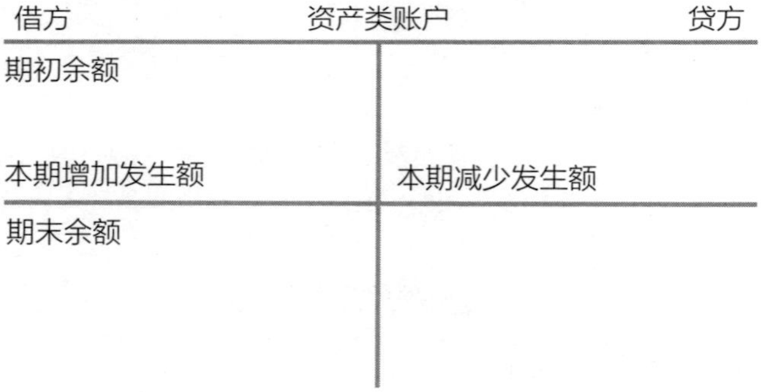

借方　　资产类账户　　贷方

期初余额

本期增加发生额　　本期减少发生额

期末余额

期末借方余额 = 期初借方余额 + 本期借方发生额 − 本期贷方发生额

图 5-3　资产类账户的基本结构

（4）负债类账户

与资产类账户相反，与损益类账户相似，负债类账户的贷方登记增加额，借方登记减少额。期末如有余额，一般登记在贷方。负债类账户的基本结构如图 5-4 所示。

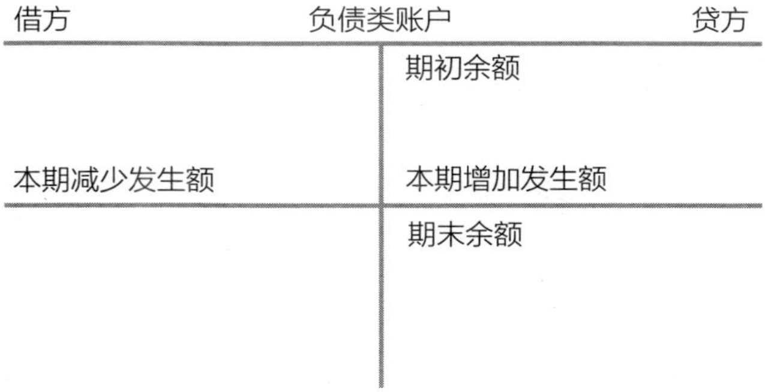

借方	负债类账户　　　　贷方
	期初余额
本期减少发生额	本期增加发生额
	期末余额

期末贷方余额 = 期初贷方余额 + 本期贷方发生额 − 本期借方发生额

图 5-4　负债类账户的基本结构

（5）所有者权益类账户

与负债类账户相似，所有者权益类账户的贷方登记增加额，借方登记减少额。期末如有余额，一般登记在贷方。所有者权益类账户的基本结构如图 5-5 所示。

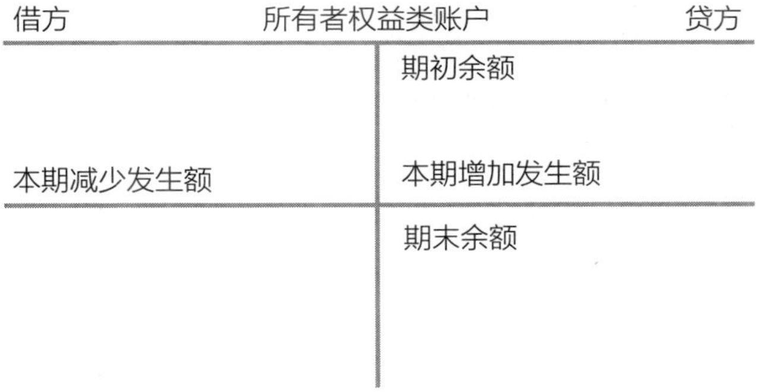

借方	所有者权益类账户　　　　贷方
	期初余额
本期减少发生额	本期增加发生额
	期末余额

期末贷方余额 = 期初贷方余额 + 本期贷方发生额 − 本期借方发生额

图 5-5　所有者权益类账户的基本结构

2. 借贷记账法的记账规则

我们提到过，借贷记账法以“有借必有贷，借贷必相等”为记账规则，该规则的意思是：对每项经济业务都必须在两个或两个以上相互联系的账户中以借方和贷方相等的金额进行登记。

为了让大家更好地理解，我们来举一个简单的例子。比如，C 公司近期收回一笔应收账款 30 000 元，并将其存入银行，C 公司的会计小李对这笔资金做了相应的账目登记。对于这项经济业务，会计小李的登记方法如图 5-6 所示。

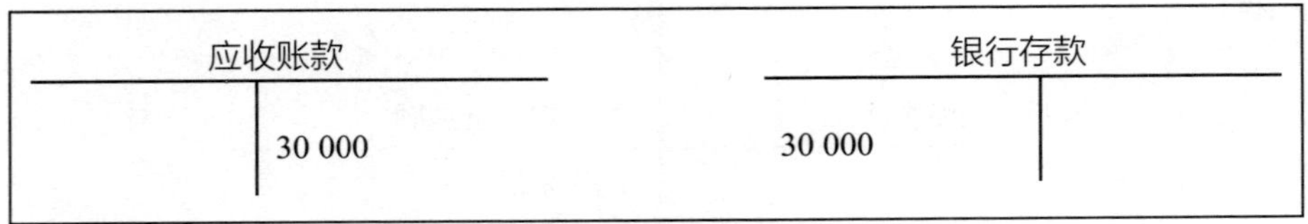

图 5-6　会计小李的登记方法

小李为什么要这样记账呢？我们需要结合前文对各类账户记账规则的说明来理解。在这项经济业务中，C 公司收回的应收账款 30 000 元应计入“应收账款”账户，而“应收账款”账户属于资产类账户，收回的 30 000 元作为减少额应登记在贷方；存入银行的 30 000 账款应计入“银行存款”账户，“银行存款”账户也属于资产类账户，存入银行的 30 000 元作为增加额应登记在借方。

上述例子很好地说明了“有借必有贷，借贷必相等”，会计人员在记账时一定要遵守这项规则。

5.1.3　借贷记账法下的会计分录

根据“有借必有贷，借贷必相等”的借账规则，我们在登记一项经济业务时，有关账户之间必定会发生应借、应贷的相互关系。我们将这种关系称为“账户的对应关系”，而发生对应关系的账户，也叫作“对应账户”。当企业想要准确了解每项经济业务的各项内容与细节，或者需要检查每项经济业务的会计处理是否合理、合法时，都可以利用“账户的对应关系”得到答案。

在借贷记账法中还有一个重要的概念——会计分录，即标明某项经济业务的应借、应贷会计科目及其金额的记录。

会计分录由借贷方向、对应科目、金额三大要素组成，可分为简单分录和复合分录。简单分录是只涉及一个账户借方与另一个账户贷方的会计分录，即“一借一贷”的会计分录；复合分录是由两个以上（不含两个）对应账户组成的会计分录，即“一借多贷”“多借一贷”“多借多贷”的会计分录。会计人员在编写会计分录时，应尽量避免“多借多贷”的会计分录。会计分录的分类如图 5-7 所示。

图 5-7 会计分录的分类

会计分录的编写是会计工作的基本步骤，只有据实填写，才能避免出错，不至于影响会计记录的正确性。

那么，会计分录应该如何编写呢？还是以前文中“C 公司近期收回一笔应收账款 30 000 元，并将其存入银行”这一经济业务为例，会计分录的编写方式如图 5-8 所示。

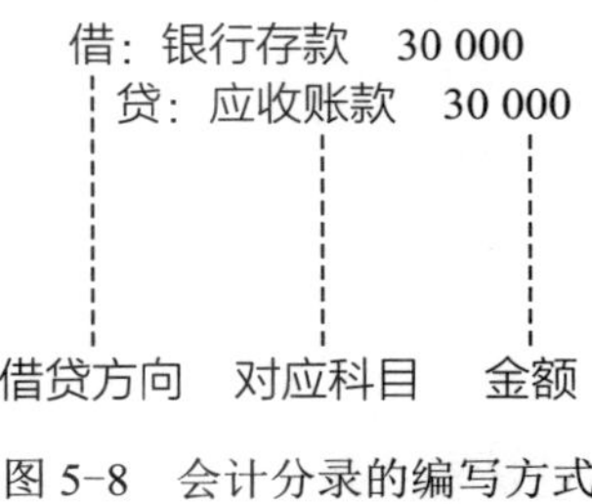

图 5-8 会计分录的编写方式

在编写会计分录时，须牢记“上借下贷、左右错开、金额对应相等”的口诀。通常情况下，会计分录的编写可能通过三个步骤完成。编写会计分录的三个步骤如图 5-9 所示。

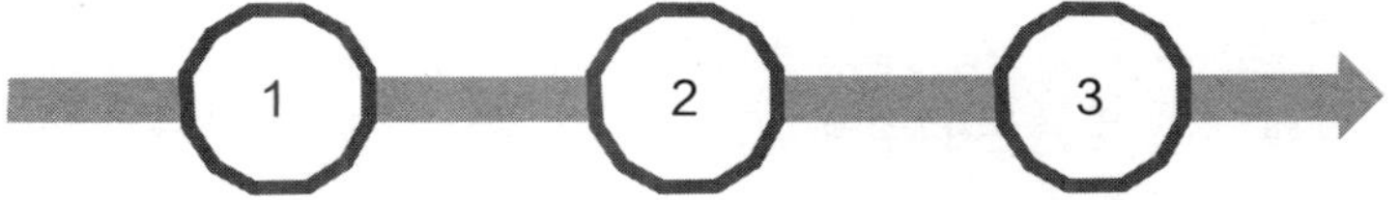

找到相关的会计科目　明确科目的借贷方向　填写交易的金额

图 5-9 编写会计分录的三个步骤

需要注意的是，在遇到“一借多贷”或“多借一贷”的情况时，贷方或借方账户的名称、金额数字必须对齐，以便进行试算平衡。

5.1.4 借贷记账法的试算平衡

所谓试算平衡，就是根据资产和权益之间的平衡关系、记账规则来检查账户记录是否正确、完整的一种验证方法，分为发生额试算平衡和余额试算平衡。

1. 发生额试算平衡

发生额试算平衡是指全部账户本期借方发生额合计与全部账户本期贷方发生额合计保持平衡，其依据是借贷记账法的记账规则，即“有借必有贷，借贷必相等”。发生额试算平衡的公式如下：

全部账户本期借方发生额合计＝全部账户本期贷方发生额合计

2. 余额试算平衡

余额试算平衡是指全部账户借方期末（初）余额合计与全部账户贷方期末（初）余额合计保持平衡，其依据是资产与权益的恒等式，即“资产＝负债＋所有者权益”。余额试算平衡的公式如下：

全部账户的借方期初余额合计＝全部账户的贷方期初余额合计

全部账户的借方期末余额合计＝全部账户的贷方期末余额合计

3. 在编制试算平衡表时的注意事项

我们在对账户记录的结果进行试算平衡并编制试算平衡表时，需要重点注意以下几个事项：

①必须保证所有账户的余额均已记入试算平衡表；

②当试算平衡表借贷不相等时，说明账户记录有错误，应认真查找错误所在，直到实现平衡为止；

③即便实现了有关三栏的平衡关系，也不能说明账户记录绝对正确，因为有些错误并不会影响借贷双方的平衡关系。

试算平衡表的样式如图 5-10 所示。

图 5-10 试算平衡表的样式

试算平衡表 2020 年本年合计 单位：元						
会计科目	期初余额		本期发生额		期末余额	
	借方	贷方	借方	贷方	借方	贷方
库存商品						
固定资产						
销售收入						
……						

账户记录中的有些错误是无法通过试算平衡查找出来的，比如，错记、漏记、重记相关账户，颠倒记账方向，某科目中借贷双方金额同时多记或少记，多记与少记的金额相抵等。

每位会计人员都必须认真建账、记账，并准确做好检查、审核工作，杜绝错误的发生，保证账户的准确性，只有这样，后期的核算工作才能顺利开展。

实操笔记

【单选题】下列选项中，不属于会计分录三要素的是（ ）。

A. 借贷方向　　B. 计算公式

C. 对应科目　　D. 金额

答案：B

5.2 不同类型账簿的登记方法

会计小张在重新登记自己所在公司各项业务的经济数据时，发现很多账簿中有大量的错误，这主要是在记账的过程中，记账人员没有弄清不同类型账簿的登记方法所造成的。那么接下来，我们将介绍不同类型账薄的登记方法，主要包括日记账的格式与登记方法、明细分类账的登记方法、总分类账的登记方法。

5.2.1 日记账的格式与登记方法

前文介绍过，按记录的经济业务内容不同，日记账可分为普通日记账和特种日记账。因为我国很少使用普通日记账，所以我们这里只介绍特种日记账的登记方法。通常情况下，企业只设置库存现金日记账和银行存款日记账两种特种日记账。这两种日记账一般由出纳人员登记，因此也被称为出纳账。

1. 库存现金日记账的格式与登记方法

库存现金日记账的作用是核算和监督库存现金每日的收入、支出和结存情况，有外币业务的企业应分别设置人民币和外币日记账。

（1）库存现金日记账的格式

库存现金日记账的格式有三栏式和多栏式两种，这两种格式的账簿都必须使用订本式账簿。三栏式库存现金日记账和多栏式库存现金日记账的样式如图 5-11、图 5-12 所示。

库存现金日记账

年		凭证		摘要	对方科目	借方											贷方											借或贷	余额										
月	日	种类	号数			千	百	十	万	千	百	十	元	角	分	√	千	百	十	万	千	百	十	元	角	分	√		千	百	十	万	千	百	十	元	角	分	√

图 5-11　三栏式库存现金日记账的样式

库存现金日记账

年		凭证		摘要	借方科目						
月	日	种类	号数								支出合计

库存现金日记账

年		凭证		摘要	贷方科目						
月	日	种类	号数								支出合计

图 5-12 多栏式库存现金日记账的样式

（2）库存现金日记账的登记方法

库存现金日记账应根据审核无误的会计凭证，按业务发生的时间先后顺序逐日、逐笔登记。当日经济业务登记完成后，还要根据“本日余额 = 上日余额 + 本日收入 - 本日支出”的公式计算出库存现金余额，检查每日现金收付是否有误。

三栏式库存现金日记账的具体登记方法如表 5-1 所示。

表 5-1 三栏式库存现金日记账的具体登记方法

栏目	登记方法
日期栏	库存现金实际收付日期应与记账凭证的日期一致
凭证栏	登记入账的收、付款凭证的种类和编号
摘要栏	应以简练的文字清楚地说明。一般与收、付款凭证上的内容相同
对方科目	反映库存现金收付的来龙去脉，如以现金支付职工工资，对方科目为“应付职工薪酬”
借方、贷方栏	每日终了，应分别结算现金收入（借）和现金支出（贷）的合计数，结出余额，同时将余额与出纳的库存现金相互核对

多栏式库存现金日记账的登记方法：

第一步，根据相关会计凭证登记库存现金收入日记账；

第二步，根据相关会计凭证登记库存现金支出日记账；

第三步，每日营业完毕后，将库存现金支出日记账结算的支出合计数，一并转入库存现金收入日记账的“支出合计”栏中，并结出当日余额。

2. 银行存款日记账的格式与登记方法

银行存款日记账是用来核算和监督银行存款每日的收入、支出和结存情况的账簿，一般按企业在银行开立的账户和币种分别设置，每个银行账户都要设置一本日记账。

（1）银行存款日记账的格式

银行存款日记账的格式与三栏式库存现金日记账的格式相似，也必须采用订本式账簿。银行存款日记账的样式如图 5-13 所示。

银行存款日记账

年		凭证		支票种类及号数		摘要	对方科目	收入	支出	余额
月	日	种类	号数	种类	号数					

图 5-13　银行存款日记账的样式

（2）银行存款日记账的登记方法

银行存款日记账通常由出纳人员按业务发生的时间先后顺序逐日、逐笔登记，登记的依据是审核后的与银行存款有关的收、付款凭证。每天营业结束后，出纳人员应分别计算当日银行存款收入、支出的合计数及账面余额，计算公式为“本日余额 = 上日余额 + 本日收入 − 本日支出”。

银行存款日记账中的“支票种类及号数”栏应填写以支票付款结算的支票种类及号数，方便与开户银行对账。其他栏目的登记方法与库存现金日记账的登记方法相同，参照上文中的登记方法即可。

5.2.2 明细分类账的登记方法

明细分类账的格式有四种，分别为三栏式、多栏式、横线登记式和数量金额式。明细分类账的格式虽各有不同，但是其登记方法却与三栏式库存现金日记账的登记方法大同小异。无论哪种明细分类账，会计人员都要根据会计凭证逐日、逐笔登记或者定期汇总登记。其中，固定资产、债权、债务等明细账逐日、逐笔登记；库存商品、原材料等收发明细账及收入、费用明细账，既可以逐日、逐笔登记，也可以定期汇总登记。

另外，登记多栏式明细分类账时应注意“借”和“贷”的问题。对于只设有借方的明细分类账（如生产成本、管理费用等），如果有贷方发生额，应用红字在相应借方栏中登记表示“冲减”。月末结转时，仍用红字在借方登记转出的金额。对于只设有贷方的多栏式明细分类账（如主营业务收入、其他业务收入等），如果有借方发生额，应用红字在相应贷方栏中登记表示“冲减”。月末结转时，仍用红字在贷方登记转出的金额。

需要注意的是，登记账簿后，应第一时间在记账凭证的账页栏打上“√”或其他记账符号，避免发生漏记或重记。

5.2.3 总分类账的登记方法

在会计实务中，总分类账的登记方法取决于账务处理程序。账务处理程序，即会计核算程序，就是我们处理会计凭证、登记账簿、编制报表的过程。账务处理程序分为记账凭证账务处理程序、科目汇总表账务处理程序和汇总记账凭证账务处理程序。下面，我们来看看这三种账务处理程序下总分类账的登记方法。

1. 记账凭证账务处理程序下总分类账的登记方法

记账凭证账务处理程序是指对会计主体发生的每项经济业务，根据原始凭证或原始凭证汇总表编制记账凭证，再根据记账凭证逐笔登记总分类账的一种账务处理程序。

这种账务处理程序不需要按一定方式汇总，可以直接根据记账凭证逐笔登记总分类账。它是最基本的账务处理程序，其他各类账务处理程序都是在它的基础上发展和变化而来的。

记账凭证账务处理程序下总分类账的登记方法如下：

第一步，根据原始凭证编制原始凭证汇总表；

第二步，根据各种原始凭证或原始凭证汇总表编制记账凭证；

第三步，逐日、逐笔登记库存现金日记账和银行存款日记账；

第四步，根据记账凭证和原始凭证登记各种明细分类账；

第五步，根据记账凭证逐笔登记总分类账；

第六步，在会计期末，将库存现金日记账、银行存款日记账和各明细分类账的余额与总分类账的余额核对相符；

第七步，在会计期末，根据总分类账和明细分类账的账簿资料编制财务报表。

在记账凭证账务处理程序下，总分类账的登记方法与前文中的三栏式库存现金日记账的登记方法基本相同，这里就不再赘述。

2. 科目汇总表账务处理程序下总分类账的登记方法

科目汇总表账务处理程序是指根据记账凭证定期汇总、编制科目汇总表，再根据科目汇总表登记总分类账的一种账务处理程序。科目汇总表的样式如图 5-14 所示。

科目汇总表

期间：　　原始单据数：

凭证编号：　　作废凭证张数：

会计科目	期初余额		本期发生额		期末余额	
	借方	贷方	借方	贷方	借方	贷方
合计：						

图 5-14　科目汇总表的样式

科目汇总表账务处理程序下总分类账的登记方法如下：

第一步，根据原始凭证编制原始凭证汇总表；

第二步，根据各种原始凭证或原始凭证汇总表编制记账凭证；

第三步，逐日、逐笔登记库存现金日记账和银行存款日记账；

第四步，根据记账凭证和原始凭证登记各种明细分类账；

第五步，根据各种记账凭证定期汇总编制科目汇总表；

第六步，根据科目汇总表定期登记总分类账；

第七步，在会计期末，将库存现金日记账、银行存款日记账和各明细分类账的余额与总分类账的余额核对相符；

第八步，在会计期末，根据总分类账和明细分类账的账簿资料编制财务报表。

做账小课堂

因为在科目汇总表账务处理程序下，总分类账要根据科目汇总表登记，所以我们要先了解科目汇总表的编制方法，具体步骤如下：

第一步，将记账凭证按种类和编号顺序进行整理、排序；

第二步，填写记账凭证种类和编号、汇总期间，可以 10 天、15 天或一个月汇总一次；

第三步，将记账凭证涉及的总分类账户填入“会计科目”栏；

第四步，分别汇总每一总分类账户借方、贷方发生额，然后将汇总数额填入“借方”“贷方”金额栏；

第五步，分别累计各总分类账户的借方、贷方发生额总数，核对借贷方发生额平衡后，填入本期发生额“合计”行内。

3. 汇总记账凭证账务处理程序下总分类账的登记方法

汇总记账凭证账务处理程序是指根据记账凭证分类编制汇总收款凭证、汇总付款凭证和汇总转账凭证，再根据各种汇总记账凭证登记总分类账的一种账务处理程序。汇总转账凭证的样式如图 5-15 所示。

汇总转账凭证

贷方科目：　　　　年　　月　　　　汇转　　号

借方科目	金额				总账页数	
	01日至10日 转账凭证 共　张	11日至20日 转账凭证 共　张	21日至31日 转账凭证 共　张	合　计	借　方	贷　方
合　计：						

会计主管：　　　　记账：　　　　审核：　　　　制单：

图 5-15　汇总转账凭证的样式

汇总记账凭证账务处理程序下总分类账的登记方法如下：

第一步，根据原始凭证编制原始凭证汇总表；

第二步，根据各种原始凭证或原始凭证汇总表编制记账凭证；

第三步，逐日、逐笔登记库存现金日记账和银行存款日记账；

第四步，根据记账凭证和原始凭证登记各种明细分类账；

第五步，根据各种记账凭证定期汇总编制汇总记账凭证；

第六步，根据汇总记账凭证定期登记总分类账；

第七步，在会计期末，将库存现金日记账、银行存款日记账和各明细分类账的余额与总分类账的余额核对相符；

第八步，在会计期末，根据总分类账和明细分类账的账簿资料编制财务报表。

因为在汇总记账凭证账务处理程序下，总分类账要根据汇总记账凭证登记，所以我们要先认识一下汇总收款凭证、汇总付款凭证和汇总转账凭证。

（1）汇总收款凭证

汇总收款凭证是指按“库存现金”和“银行存款”账户的借方分别设置的一种汇总记账凭证。它汇总了一定时期内库存现金和银行存款的收款业务。

我们在编制汇总收款凭证时，可以将一定时期内（5天、10天或15天）全部库存现金和银行存款收款凭证，分别按其对应贷方科目进行归类，计算出每一贷方科目发生额合计数，填入汇总收款凭证中。每月末计算出合计数，然后登记在总分类账中。

（2）汇总付款凭证

汇总付款凭证是指按“库存现金”和“银行存款”账户的贷方分别设置的一种汇总记账凭证。它汇总了一定时期内库存现金和银行存款的付款业务。

我们在编制汇总付款凭证时，可以将一定时期内（5天、10天或15天）全部库存现金和银行存款付款凭证，分别按其对应借方科目进行归类，计算出每一借方科目发生额合计数，填入汇总付款凭证中。每月末计算出合计数，然后登记在总分类账中。

（3）汇总转账凭证

汇总转账凭证是指按每一贷方科目分别设置，用来汇总一定时期内转账业务的一种汇总记账凭证。

我们在编制汇总转账凭证时，可以将一定时期内全部转账凭证按照每一账户的贷方设置，并按其对应的借方科目进行归类，计算出每一借方科目发生额合计数，填入汇总转账凭证中。在实际工作中，编制汇总转账凭证的工作难度较大，如果企业的转账凭证较少，会计人员可以不对转账凭证进行汇总，直接依据转账凭证登记总分类账。

汇总记账凭证账务处理程序下总分类账的登记方法与记账凭证账务处理程序下总分类账的登记方法基本相同，但在填写凭证字号时，要填入汇总记账凭证的编号。

实操笔记

【判断题】汇总付款凭证是指按“库存现金”和“银行存款”账户的贷方分别设置的一种汇总记账凭证。它汇总了一定时期内库存现金和银行存款的付款业务。（　）

答案：对

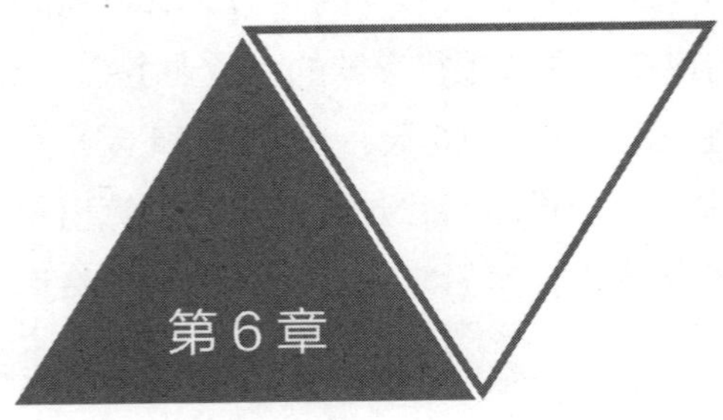

算账：弄清业务核算的奥秘

算账，又称会计核算，在会计工作中占有至关重要的地位。面对现代企业管理中各种纷繁复杂的会计科目，会计人员要想把账算清，需要做好每个会计科目的核算工作。

♻ 6.1 资产业务核算

小王是一名会计专业的应届毕业生，他最近刚刚入职某公司的会计岗位。作为一名会计新人，小王努力汲取相关知识，在学习做账知识时，他发现会计核算是做账的核心工作内容。其中，企业的资产业务核算包括货币资金、应收款项、存货、固定资产及无形资产等的会计核算。下面就让我们一起来看看这些资产的核算规范是怎样的。

6.1.1 货币资金的核算规范

货币资金是指在企业生产经营过程中的处于货币形态的那部分资金，按形态和用途可分为库存现金、银行存款和其他货币资金。

1. 库存现金的核算规范

库存现金是指为了满足经营过程中的现金支付而保留的货币。库存现金的核算内容包括库存现金的总分类核算、序时核算和清查核算。不同种类的核算，其核算规范也不尽相同，具体如下。

（1）总分类核算

此类核算是通过设置“库存现金”账户进行的。“库存现金”账户属于资产类账户，所以借方登记增加额，贷方登记减少额。

当企业收取现金时，编写会计分录如下：

借：库存现金

　贷：银行存款

　　　应收账款

　　　其他应收款

当企业支出现金时，对应的会计分录则是相反的。

对于企业内部各部门、单位周转使用的备用金，会计人员不应在“库存现金”账户进行核算，而应在“其他应收款”账户或者单独设置“备用金”账户进行核算。

（2）序时核算

所有企业都必须设置库存现金日记账，并按照库存现金业务发生的先后顺序进行登记，同时每日结算。会计人员在每日结算时应将库存现金日记账的账面余额与库存现金实有数额进行核对，做到账实相等。

（3）清查核算

现金清查是指对库存现金的盘点与核对，包括会计人员每天进行的账款核对和定期或不定期的核对盘点。

当出现有待查明原因的现金短缺或溢余的情况时，会计人员应通过“待处理财产损溢”科目核算，待查明原因后，再根据具体情况进行处理。现金短缺或溢余情况的处理方式如表 6-1 所示。

表 6-1 现金短缺或溢余情况的处理方式

现象	处理方式
出现现金短缺情况时	①由责任人赔偿部分计入“其他应收款”账户 ②无法查明原因的，经批准计入“管理费用”账户
出现现金溢余情况时	①应支付有关人员或单位的计入“其他应付款”账户 ②无法查明原因的，经批准计入“营业外收入”账户

2. 银行存款的核算规范

银行存款是指企业存放在银行的货币资金。银行存款的核算内容包括银行存款的总分类核算、序时核算和清查核算，这三类核算内容的核算规范如下。

（1）总分类核算

为了概括性地反映银行存款的收入、支出和结存情况，企业应设置“银行存款”总分类账户，该账户借方登记增加额，贷方登记减少额，期末借方余额反映银行存款的期末结存金额。

当企业收取银行存款时，编写会计分录如下：

借：银行存款

　贷：应收账款

当企业开出支票时，根据支票存根和有关原始凭证（收款人开出的收据或发票等）编写会计分录如下：

借：管理费用

　贷：银行存款

（2）序时核算

为了全面、系统、连续、详细地反映有关银行存款的情况，应设置银行存款日记账，由会计人员根据审核无误的收、付款凭证，按照业务发生的先后顺序逐日、逐笔地序时登记，每日结出余额。每月月末，会计人员需要将银行存款日记账的余额与银行存款总账的余额核对相符。

（3）清查核算

为了保证账簿的真实、准确，避免银行存款的账目发生差错，每月月末，除需要将银行存款日记账与银行存款总账的余额核对相符外，会计人员还需要将企业银行存款日记账与银行对账单核对，确定账实相符。

3. 其他货币资金的核算规范

其他货币资金是指企业除库存现金、银行存款以外的其他各种货币资金，包括外埠存款、银行汇票存款、银行本票存款、信用卡存款、信用证保证金存款、存出投资款、保函押金等。

为了反映和监督其他货币资金的收支和结存情况，企业应设置“其他货币资金”总分类账户，该账户借方登记增加额，贷方登记减少额，期末借方余额反映其他货币资金的期末结存金额。另外，在总分类账户下，还应设置相关的明细账户。

（1）外埠存款

当企业将款项委托当地银行汇往采购地开立账户时，编写会计分录如下：

借：其他货币资金——外埠存款

　贷：银行存款

当采购人员交来供应单位发票账单等报销凭证时，编写会计分录如下：

借：在途物资

　　原材料

　　应交税费——应交增值税（进项税额）等

　贷：其他货币资金——外埠存款

当企业将多余的外埠存款转回当地银行时，编写会计分录如下：

借：银行存款

　贷：其他货币资金——外埠存款

（2）银行汇票存款

在企业填送银行汇票委托书并将款项交存银行，取得银行汇票后，根据银行盖章退回的委托书存根联，编写会计分录如下：

借：其他货币资金——银行汇票存款

贷：银行存款

在企业使用银行汇票后，根据发票账单等有关凭证，编写会计分录如下：

借：在途物资

原材料

应交税费——应交增值税（进项税额）等

贷：其他货币资金——银行汇票存款

当出现因汇票超过付款期限或其他原因而退回款项时，根据开户银行转来的银行汇票第四联，编写会计分录如下：

借：银行存款

贷：其他货币资金——银行汇票存款

（3）银行本票存款

在企业向银行提交银行本票申请书并将款项交存银行，取得银行本票后，根据银行盖章退回的本票申请书存根联，编写会计分录如下：

借：其他货币资金——银行本票存款

贷：银行存款

在企业使用银行本票后，根据发票账单等有关凭证，编写会计分录如下：

借：在途物资

原材料

应交税费——应交增值税（进项税额）等

贷：其他货币资金——银行本票存款

当出现因本票超过付款期限或其他原因要求退款时，根据银行盖章退回的进账单第一联，编写会计分录如下：

借：银行存款

贷：其他货币资金——银行本票存款

（4）信用卡存款

企业按规定填写申请表，连同支票和有关资料一并递交发卡银行，根据银行盖章退回的进账单第一联，编写会计分录如下：

借：其他货币资金——信用卡存款

贷：银行存款

当企业使用信用卡购物或支付有关费用时，编写会计分录如下：

借：生产成本

管理费用等

贷：其他货币资金——信用卡存款

（5）信用证保证金存款

企业向银行申请开立信用证，按规定应向银行提交开证申请书、信用证申请人承诺书和购销合同，并向银行缴纳保证金，根据银行退回的进账单第一联，编写会计分录如下：

借：其他货币资金——信用证保证金存款

贷：银行存款

根据开证银行提供的信用证及有关单据列明的金额，编写会计分录如下：

借：在途物资

原材料

应交税费——应交增值税（进项税额）等

贷：其他货币资金——信用证保证金存款

（6）存出投资款

当企业向证券公司划出资金时，按照实际划出的资金金额，编写会计分录如下：

借：其他货币资金——存出投资款

贷：银行存款

当企业购买股票、债券时，按照实际支付的金额，编写会计分录如下：

借：交易性金融资产

贷：其他货币资金——存出投资款

（7）保函押金

当企业支付保函押金时，编写会计分录如下：

借：其他货币资金——保函押金

贷：银行存款

当企业收回保函押金时，编写会计分录如下：

借：银行存款

贷：其他货币资金——保函押金

6.1.2 应收款项的核算规范

应收款项泛指企业拥有的将来获取现款、商品或劳动的权利，主要包括应收账款、应收票据、预付账款、应收利息、其他应收款等。应收款项是企业日常生产经营过程中发生的各项债权，是企业重要的流动资产。

1. 应收账款的核算规范

应收账款是指企业在正常的经营过程中因销售商品、提供劳务等，向购买企业收取的款项，包括由购买企业或接受劳务企业负担的税金、代购买方垫付的各种运杂费等。为反映应收账款的增减变动及其结存情况，企业应设置“应收账款”账户，该账户借方登记增加额，贷方登记应收账款的收回数额及确认的坏账损失额。结算时，余额一般在借方，反映尚未收回的应收账款数额。

根据具体的事项，应收账款的核算规范包括以下三个方面。

（1）发生与收回

当企业发生应收账款时，编写会计分录如下：

借：应收账款

　贷：主营业务收入

　　　应交税费——应交增值税（销项税额）

当企业收回应收账款时，编写会计分录如下：

借：银行存款

　贷：应收账款

（2）计提坏账准备

当企业提取坏账准备时，编写会计分录如下：

借：资产减值损失——计提的坏账准备

　贷：坏账准备

当企业冲减多计提的坏账准备时，编写会计分录如下：

借：坏账准备

　贷：资产减值损失——计提的坏账准备

（3）确认坏账损失与已确认损失收回

对于明确无法回收的账款，经批准，确认为坏账损失。当确认企业发生坏账损失时，编写会计分录如下：

借：坏账准备

贷：应收账款

当已确认并转销的坏账损失又收回时，编写会计分录如下：

①转回已确认的坏账：

借：应收账款

贷：坏账准备

②收回账款：

借：银行存款

贷：应收账款

2. 应收票据的核算规范

应收票据是指企业持有的未到期或未兑现的商业汇票。根据承兑人的不同，应收票据可以分为银行承兑汇票和商业承兑汇票。企业应设置“应收票据”账户，该账户借方核算企业实际收到的应收票据，贷方核算到期收回的票据款、未到期到银行办理贴现的应收票据及到期出票人无力支付而转入应收账款的票据。结算时，余额在借方，反映企业持有的商业汇票的票面金额。

根据具体的事项，应收票据的核算规范包括以下四个方面。

（1）收到应收票据

企业因销售商品、提供劳务等收到开出、承兑的商业汇票，按商业汇票的票面金额，编写会计分录如下：

借：应收票据

贷：主营业务收入

应交税费——应交增值税（销项税额）

（2）应收票据贴现

当会计人员根据应收票据贴现进行核算时分为以下两种情况。

第一种情况是持未到期的商业汇票向银行贴现，按实际收到的金额，编写会计分录如下：

借：银行存款

财务费用

贷：应收票据

第二种情况是贴现的商业承兑汇票到期，承兑人的银行账户无法满足支付条件，申请贴现的企业收到银行退回的应收票据、付款通知、拒绝付款理由通知或付款人未付票款通知时，按所付本息，编写会计分录如下：

借：应收账款
　贷：银行存款

当申请贴现企业的银行存款不足，银行做预期贷款处理时，编写会计分录如下：

借：应收账款
　贷：短期借款

（3）应收票据背书转让

当企业将持有的商业汇票背书转让用以兑换所需物资时，编写会计分录如下：

借：原材料
　　材料采购
　　库存商品
　　应交税费——应交增值税（进项税额）
　贷：应收票据

（4）应收票据到期

当出现应收票据到期的情况时，编写会计分录如下：

借：银行存款
　贷：应收票据

做账小课堂

A公司在2018年6月1日向B公司销售了一批商品，其价款为200 000元，增值税为34 000元，商品已交付B公司，该批商品的成本为150 000元。当日A公司收到B公司开出并由银行承兑的商业汇票，面值为234 000元，期限6个月。同年10月1日，A公司向C公司采购了一批原材料，其价款为190 000元，增值税为32 300元，材料已验收入库，C公司发货时垫付运费1 700元，当日A公司将持有的B公司商业汇票背书转让给C公司，差额用银行存款结算，那么，A公司的会计分录该如何做呢？

（1）销售商品

①收到票据时：

借：应收票据　　234 000
　贷：主营业务收入　　200 000

应交税费——应交增值税（销项税额） 34 000

②结转成本：

借：主营业务成本 150 000

贷：库存商品 150 000

（2）采购原材料

借：原材料 191 700

应交税费——应交增值税（进项税额） 32 300

银行存款 10 000

贷：应收票据 234 000

3. 预付账款的核算规范

预付账款是指企业按照购货合同的规定，预付给供应企业的款项或预付在建工程的工程款。企业应单独设置“预付账款”账户进行核算。根据具体的事项，预付账款的核算规范包括以下两个方面。

（1）预付货款

当企业购买货物预付款项时，编写会计分录如下：

借：预付账款

贷：银行存款

当企业收到购买的货物时，编写会计分录如下：

借：在途物资

原材料

材料采购

应交税费——应交增值税（进项税额）

贷：预付账款

当企业补齐货款时，编写会计分录如下：

借：预付账款

贷：银行存款

当最后供应企业退回多支付的金额时，编写会计分录如下：

借：银行存款

贷：预付账款

（2）预付工程款

当企业预付在建工程的工程款时，编写会计分录如下：

借：预付账款

　贷：银行存款

当企业按工程进度结算工程款时，编写会计分录如下：

借：在建工程

　贷：预付账款

　　银行存款

4. 应收利息的核算规范

应收利息是指企业所持有的交易性金融资产、持有至到期投资[1]、可供出售金融资产等金融资产应收取的利息。企业应单独设置“应收利息”账户进行核算。根据具体的事项，应收利息的核算规范包括以下两个方面。

（1）取得的应收利息

根据企业获得的交易性金融资产，按支付金额中所包含的已到付息期，但尚未领取的利息，编写会计分录如下：

借：应收利息

　交易性金融资产——成本（公允价值）

　投资收益

　贷：银行存款

当企业取得持有至到期投资时，编写会计分录如下：

借：持有至到期投资——成本

　应收利息

　贷：银行存款

按其差额，借记或贷记“持有至到期投资——利息调整”科目。

（2）实际收到的利息

当企业实际收到应收利息时，编写会计分录如下：

借：银行存款

[1] 持有至到期投资是指企业有明确意图和能力持有至到期的，且到期日固定、回收金额固定或可确定的非衍生金融资产。

贷：应收利息

5. 其他应收款的核算规范

其他应收款是指企业除应收账款、应收票据、预付账款、应收利息等以外的其他各种应收、暂付的款项。

根据具体的事项，其他应收款的核算规范涉及发生与收回、确认坏账损失与重新收回两个方面，其中后者的规范与前文中应收账款核算关于“确认坏账损失与已确认损失收回”的规范相同，因此在这里就只介绍其他应收账款核算关于“发生与收回”的规范，主要包括以下三点。

（1）当企业采用售后回购方式融出资金时，编写会计分录如下：

借：其他应收款

贷：银行存款

销售价格与原购买价格之间的差额，应在售后回购期间内按期计提利息费用，编写会计分录如下：

借：其他应收款

贷：财务费用

当企业依据合同返售商品时，编写会计分录如下：

借：银行存款

贷：其他应收款

（2）当企业发生其他各种应收、暂付款项时，编写会计分录如下：

借：其他应收款

贷：银行存款

固定资产

当企业收回或转销各种款项时，编写会计分录如下：

借：银行存款

贷：其他应收款

（3）当企业员工因出差预借差旅费时，编写会计分录如下：

借：其他应收款

贷：银行存款

当企业员工因公务出差归来按规定报销差旅费时，编写会计分录如下：

借：管理费用

  贷：其他应收款

当实际报销的差旅费少于预借款时，针对收回的现金，编写会计分录如下：

借：库存现金

  贷：其他应收款

当实际报销的差旅费多于预借款时，应根据补付的金额贷记“库存现金”科目。

6.1.3 存货的核算规范

存货是指企业日常活动中持有的以备出售的在产品或商品、处在生产过程中的在产品、在生产过程或提供劳务过程中耗用的材料和物料。存货主要包括原材料、库存商品、委托加工物资等。

1. 原材料的核算规范

企业应设置“原材料”账户，该账户借方核算增加原材料的实际成本，贷方核算减少原材料的实际成本。结算时，余额在借方，反映企业库存原材料的实际成本。

根据具体的事项，原材料的核算规范包括以下六个方面。

（1）外购材料物资

当外购材料物资时，编写会计分录如下：

借：在途物资

  应交税费——应交增值税（进项税额）

  贷：银行存款

    应付票据

当购买的材料、商品验收入库时，编写会计分录如下：

借：原材料

  库存商品

  贷：在途物资

（2）投资者投入的原材料

当投资者投入原材料时，编写会计分录如下：

借：原材料
应交税费——应交增值税（进项税额）
材料成本差异（计划成本小于投资合同或协议约定的价值的差额）
贷：实收资本（或股本）（投资各方确认的价值）
材料成本差异（计划成本大于投资各方确认的价值的差额）

（3）自制原材料

当自制原材料时，编写会计分录如下：

借：原材料
贷：生产成本

（4）领用原材料

当领用原材料时，编写会计分录如下：

借：生产成本
贷：原材料

当发出材料委托外单位加工时，编写会计分录如下：

借：委托加工物资
贷：原材料

当因在建工程及福利发放等事项而领用原材料时，编写会计分录如下：

借：在建工程
贷：原材料
应交税费——应交增值税（进项税额转出）

（5）出售原材料

当出售原材料时，编写会计分录如下：

借：银行存款
应收账款
贷：其他业务收入
应交税费——应交增值税（销项税额）

完成原材料的售出后，应同时结转原材料账面成本，编写会计分录如下：

借：其他业务成本
贷：原材料

(6) 在建工程完工，剩余物资转为原材料

当在建工程完工，剩余物资转为原材料时，编写会计分录如下：

借：原材料

应交税费——应交增值税（进项税额）

贷：工程物资

2. 库存商品的核算规范

库存商品是指企业生产、外购或委托加工完成并已验收入库用于销售的商品。企业应设置“库存商品”账户，该账户借方核算企业增加的库存商品的实际成本，贷方核算企业减少的库存商品的实际成本。结算时，余额在借方，反映企业库存商品的实际成本。

根据具体的事项，库存商品的核算规范包括以下三个方面。

(1) 制造企业库存商品的收入与发出

当企业生产完成并验收入库产成品[1]时，编写会计分录如下：

借：库存商品

贷：生产成本

当企业对外销售产成品时，编写会计分录如下：

借：主营业务成本

贷：库存商品

针对根据供货合同送至客户的产成品、不符合收入确认条件已发出的产成品，以及企业委托其他单位代销的产成品，编写会计分录如下：

借：发出商品

贷：库存商品

(2) 商品流通企业库存商品的收入与发出

①当购入商品采用进价核算时，在商品到达并验收入库后，编写会计分录如下：

借：库存商品

贷：银行存款

在途物资

[1] 产成品是指已经完成全部生产过程，经过质量检测，并已经办理入库手续的产品。

收回委托外部企业加工的商品后，编写会计分录如下：

借：库存商品

贷：委托加工物资

②当购入商品采用售价核算时，在商品进行验收入库后，编写会计分录如下：

借：库存商品

贷：银行存款

在途物资

商品进销差价（商品售价与进价差额）

收回委托外部企业加工的商品后，编写会计分录如下：

借：库存商品

贷：委托加工物资

商品进销差价（商品售价与进价差额）

当对外销售商品并结转销售成本时，编写会计分录如下：

借：主营业务成本

贷：库存商品

对于采用售价进行核算的购入商品，还应结转销售商品应分摊的商品进销差价。

（3）在建工程领用库存商品

当在建工程领用库存商品时，编写会计分录如下：

借：在建工程

贷：库存商品

应交税费——应交增值税（销项税额）

3. 委托加工物资的核算规范

委托加工物资是指企业通过支付加工费的方式委托其他企业进行加工生产的物资。根据具体的事项，委托加工物资的核算规范包括以下两个方面。

（1）发出委托加工物资与支付加工费

当发出外部企业加工的物资时，编写会计分录如下：

借：委托加工物资

贷：原材料

库存商品

当支付加工费、应负担的运杂费时，编写会计分录如下：

借：委托加工物资

　贷：银行存款

需要缴纳消费税的委托加工物资，收回后直接用于销售的，应将受托方代收代缴的消费税计入委托加工物资成本，编写会计分录如下：

借：委托加工物资

　贷：应付账款

　　银行存款

需要缴纳消费税的委托加工物资，收回后用于连续生产应税消费品的，按规定抵扣消费税，编写会计分录如下：

借：应交税费——应交消费税

　贷：应付账款

　　银行存款

（2）收回委托加工物资

当验收入库加工完成的物资和剩余的物资时，编写会计分录如下：

借：原材料

　库存商品

　贷：委托加工物资

4. 存货清查的核算规范

由于存货属于流动资产，因此存货清查的核算应通过“待处理流动资产损溢”明细账户进行。企业的财产损溢，应查明原因，在期末结账前处理完毕，处理后本账户应无余额。

根据具体的事项，存货清查的核算规范包括以下三个方面。

（1）盘盈、盘亏、毁损的存货

盘盈的存货应按其重置成本入账，按管理权限报批后冲减当期管理费用。针对盘盈的所有材料、产成品、商品等存货，编写会计分录如下：

借：原材料

　产成品

　库存商品

　贷：待处理财产损溢——待处理流动资产损溢

针对盘亏、毁损的所有材料、产成品、商品等存货，编写会计分录如下：

借：待处理财产损溢——待处理流动资产损溢

　贷：原材料

　　产成品

　　库存商品

材料、产成品、商品采用计划成本进行核算的，还应同时结转成本差异或商品进销差价，涉及增值税的还应借记“应交税费——应交增值税（进项税额）”科目。

（2）盘盈、盘亏、毁损的存货经批准后处理

针对盘盈的存货，编写会计分录如下：

借：待处理财产损溢——待处理流动资产损溢

　贷：管理费用

存货发生的盘亏或毁损，应作为待处理财产损溢进行核算。按管理权限报批后，根据造成存货盘亏或毁损的原因进行处理。

由于计量收发差错和管理不善等原因造成的存货短缺，应先扣除残料价值、可以收回的保险赔偿、过失人赔偿等，将净损失计入“管理费用”科目。

当由于不可抗力因素（如自然灾害等）造成的毁损，应先扣除处置收入、可以收回的保险赔偿、过失人赔偿等，将净损失计入营业外支出。

（3）盘亏、毁损的存货，按照管理权限报批后处理

借：原材料

　其他应收款（可收回的保险赔偿或过失人赔偿）

　贷：待处理财产损溢——待处理流动资产损溢

按照借方差额，属于管理原因造成的借记“管理费用”科目，属于非正常损失的借记“营业外支出——非常损失”科目。

6.1.4 固定资产的核算规范

固定资产是指为生产商品、提供劳务、出租或经营管理而持有的，使用期限超过一年的房屋、建筑物、机器、机械、运输工具，以及其他与生产、经营有关的设备、器具、工具等；另外，不属于生产经营主要设备的，单位价值在2 000 元以上，并且使用年限超过两年的物品，也应被当作固定资产。

固定资产的确认需要同时满足两个条件：一个是与该固定资产有关的经济利益很可能流入企业；另一个是该固定资产的成本能够可靠地计量。

固定资产的核算主要包括固定资产增加、固定资产减少、固定资产折旧、固定资产盘盈或盘亏四种情况。

1. 固定资产增加的核算规范

企业固定资产的增加方式包括购入和自行建造。根据具体的事项，固定资产增加的核算规范包括以下两个方面。

（1）购入固定资产

①当企业购入不需要安装的固定资产时，编写会计分录如下：

借：固定资产

　贷：银行存款

②当企业购入需要安装的固定资产时，编写会计分录如下：

借：在建工程

　贷：银行存款

当安装完成，并交付使用时，编写会计分录如下：

借：固定资产

　贷：在建工程

（2）自行建造固定资产

当自行建造的固定资产达到预定可使用状态时，编写会计分录如下：

借：固定资产

　贷：在建工程

当自行建造的固定资产达到预定可使用状态，但尚未办理竣工决算手续时，应根据其评估价值入账，在确定实际成本后进行调整。

2. 固定资产减少的核算规范

固定资产的减少方式一般包括报废、捐赠、无偿调出等，核算这些事项需要通过“固定资产清理”账户进行。根据具体的事项，固定资产减少的核算规范包括以下五个方面。

（1）固定资产报废

需要报废的固定资产应由使用部门提出报废申请，经技术鉴定后，按审批权限报批，批准报废的固定资产转入清理，编写会计分录如下：

借：固定资产清理（转入清理的固定资产账面价值）

累计折旧（已计提的折旧）

固定资产减值准备（已计提的减值准备）

贷：固定资产

当发生清理费用时，编写会计分录如下：

借：固定资产清理

贷：银行存款

当清理过程中发生变价收入时，编写会计分录如下：

借：原材料

贷：固定资产清理

针对固定资产清理后的净收益，编写会计分录如下：

借：固定资产清理

贷：营业外收入——处置固定资产净收益

针对固定资产清理后的净损失，编写会计分录如下：

借：营业外支出——处置固定资产净损失

贷：固定资产清理

（2）固定资产捐赠

捐赠的固定资产按审批权限报批后，被批准捐赠的固定资产转入清理，此时，编写会计分录如下：

借：固定资产清理

累计折旧

固定资产减值准备

贷：固定资产

当捐赠的固定资产在交接完成后结转固定资产清理时，编写会计分录如下：

借：营业外支出——捐赠支出

贷：固定资产清理

应交税费——应交增值税（销项税额）

（3）固定资产无偿调出

若要无偿调出固定资产，则需要按审批权限报批，获得批准的固定资产方可无偿调出，调出的固定资产转入清理，编写会计分录如下：

借：固定资产清理

　　累计折旧

　　固定资产减值准备

　贷：固定资产

当发生清理费用时，编写会计分录如下：

借：固定资产清理

　贷：银行存款

针对调出固定资产的净损失，编写会计分录如下：

借：资本公积——无偿调出固定资产

　贷：固定资产清理

（4）固定资产出售

固定资产出售按审批权限审批后，编写会计分录如下：

借：固定资产

　　累计折旧

　　固定资产减值准备等

　贷：固定资产

企业收到出售价款后，编写会计分录如下：

借：银行存款

　贷：固定资产清理

当结转“固定资产”科目时，若为净收益，则编写会计分录如下：

借：固定资产清理

　贷：营业外收入——处置非流动资产利得

当结转“固定资产”科目时，若为净损失，则编写会计分录如下：

借：营业外支出——处置非流动资产损失

　贷：固定资产清理

（5）固定资产对外投资

按照投出的固定资产净值，编写会计分录如下：

借：固定资产清理

　　累计折旧

　　固定资产减值准备

贷：固定资产

银行存款

应交税费等

按照投出固定资产的公允价值，编写会计分录如下：

借：长期股权投资

贷：固定资产清理

按照投出固定资产确认的清理损失和清理收益，编写会计分录如下：

借：营业外支出——处置非流动资产损失

贷：营业外收入——处置非流动资产利得

3. 固定资产折旧的核算规范

企业应当根据与固定资产有关的经济利益的预期实现方式合理选择固定资产的折旧方法。可选用的固定资产折旧方法包括年限平均法、工作量法、双倍余额递减法和年数总和法等。其中，双倍余额递减法和年数总和法是加速折旧法。另外，固定资产的折旧方法一经确定，不得随意变更。

根据实际的计算需求，我们常用到上述提到的这四种折旧方法。固定资产的四种折旧方法如表 6-2 所示。

表 6-2 固定资产的四种折旧方法

折旧方法	计算公式
年限平均法	年折旧率 =（1−预计净残值率）/ 预计使用年限 ×100% 月折旧率 = 年折旧率 /12 月折旧额 = 固定资产原价 × 月折旧率
工作量法	单位工作量折旧额 = 固定资产原价 ×（1−预计净残值率）/ 预计总工作量 某项固定资产月折旧额 = 该项固定资产当月工作量 × 单位工作量折旧额
双倍余额递减法	年折旧率 =2/ 预计使用年限 ×100%
年数总和法	年折旧率 = 尚可使用年限 / 预计使用寿命的年数总和 ×100% 预计使用寿命的年数总和 =n×（n+1）/2

做账
小课堂

A 公司拥有一台大型设备，其价值为 500 000 元，预计净残值率为 3%，预计使用寿命为 5 年，那么，这台设备的年折旧率和年折旧额分别是多少？

计算过程如下：

年折旧率 =（1-3%）/5 × 100% = 19.4%

年折旧额 = 500 000 ×19.4% = 97 000（元）

4. 固定资产盘盈或盘亏的核算规范

（1）固定资产盘盈

当确定盘盈固定资产的原值、累计折旧和固定资产净值时，编写会计分录如下：

借：固定资产

　贷：累计折旧

当调整以前年度损益，计算应交所得税时，编写会计分录如下：

借：以前年度损益调整

　贷：应交税费——应交所得税

当结转以前年度损益调整时，编写会计分录如下：

借：以前年度损益调整

　贷：利润分配——未分配利润

（2）固定资产盘亏

报经批准前，编写的会计分录如下：

借：待处理财产损溢——待处理固定资产损溢

　　累计折旧

　　固定资产减值准备

　贷：固定资产

报经批准后，当存在可收回的保险赔偿或过失人赔偿时，编写会计分录如下：

借：其他应收款

　贷：待处理财产损溢——待处理固定资产损溢

针对应计入营业外支出的金额，编写会计分录如下：

借：营业外支出——盘亏损失

　贷：待处理财产损溢——待处理固定资产损溢

6.1.5 无形资产的核算规范

无形资产是指企业拥有或控制的没有实物形态的可辨认非货币性资产，通常包括专利权、非专利技术、商标权、著作权、特许权、土地使用权等。

1. 无形资产取得的核算规范

无形资产的取得方式一般有外购、投资者投入、自行开发等。根据具体的事项，无形资产取得的核算规范包括以下三个方面。

（1）外购无形资产

企业外购的无形资产，按应计入无形资产成本的金额入账，此时，编写会计分录如下：

借：无形资产

　应交税费——应交增值税（进项税额）

　贷：银行存款

当购入的无形资产超过正常信用条件，并延期支付款项时，编写会计分录如下：

借：无形资产

　未确认融资费用（差额）

　贷：长期应付款

（2）投资者投入无形资产

当投资者投入无形资产时，编写会计分录如下：

借：无形资产（合同或协议约定的价值）

　贷：实收资本（或股本）

（3）自行开发无形资产

针对企业自行开发无形资产所产生的费用支出，编写会计分录如下：

借：研发支出——费用化支出（不满足资本化条件）

　　研发支出——资本化支出（满足资本化条件）

　贷：银行存款

　　　原材料

当研究开发项目达到预定用途形成无形资产时，编写会计分录如下：

借：无形资产（“研发支出”科目的余额）

　贷：研发支出——资本化支出

结算时，应将“研发支出”科目中费用化支出金额转入“管理费用”科目，此时，编写会计分录如下：

借：管理费用

　贷：研发支出——费用化支出

2. 无形资产摊销的核算规范

当企业按期计提无形资产摊销时，编写会计分录如下：

借：管理费用

　　其他业务成本

　贷：累计摊销

3. 无形资产减值的核算规范

资产负债表日，无形资产发生减值的，按应减记的金额，编写会计分录如下：

借：资产减值损失（减值的金额）

　贷：无形资产减值准备

4. 无形资产处置的核算规范

无形资产的处置主要是指无形资产对外出售、出租、捐赠，或者无法为企业带来未来经济利益时，应予转销并终止确认。根据具体的事项，无形资产处置的核算规范包括以下三个方面。

（1）出售

企业出售无形资产，应当将取得的价款与该无形资产账面价值及应交税费的差额计入当期损益（营业外收入或营业外支出），此时，编写会计分录如下：

借：银行存款

　　无形资产减值准备

累计摊销

营业外支出（借方差额）

贷：无形资产

应交税费——应交营业税

营业外收入（贷方差额）

（2）出租

应当按照有关收入确认原则确认所取得的转让使用权收入，此时，编写会计分录如下：

借：银行存款

贷：其他业务收入

将发生与该转让使用权有关的相关费用计入其他业务成本，此时，编写会计分录如下：

借：其他业务成本

贷：累计摊销

银行存款

（3）报废

无形资产预期不能为企业带来经济利益的，则应将其报废并予以转销，其账面价值转作当期损益，此时，编写会计分录如下：

借：累积摊销（已计提）

营业外支出

贷：无形资产

另外，已经计提减值准备的还应该同时结转减值准备。

实操笔记

【写一写】资产业务核算包括哪些内容？请在下面写出来。

♻ 6.2 负债业务核算

为了增加公司收益，扩张公司规模，A 公司背负了一些债务，这些负债包括流动负债和非流动负债。那么，针对这些负债，A 公司应如何进行会计核算呢？本节我们就来一起看看负债业务应如何进行会计核算。

6.2.1 流动负债的核算规范

流动负债，又称短期负债，是指企业需要在一年（含一年）或者超过一年的一个营业周期内偿还的债务。从理论上说，流动负债与流动资产是密切相关的，通过两者的比较可以大致了解企业的短期偿债能力和清算能力。流动负债包括短期借款、应付账款、应付票据、应付职工薪酬、应交税费、应付股利、预收账款、其他应付款等。

1. 短期借款的核算规范

短期借款是指企业向银行或其他金融机构借入的期限在一年以内(含一年)的各种借款。企业应设置“短期借款”账户，该账户贷方核算借入短期借款的本金，借方核算归还的短期借款。结算时，余额在贷方，反映企业尚未偿还的短期借款的本金。

根据具体的事项，短期借款的核算规范包括以下两个方面。

（1）短期借款的取得与偿还

当企业取得短期借款时，编写会计分录如下：

借：银行存款

　贷：短期借款

当企业计提利息时，编写会计分录如下：

借：财务费用——利息

　贷：应付利息

当企业支付利息时，编写会计分录如下：

借：应付利息

　贷：银行存款

当企业偿还短期借款时，编写会计分录如下：

借：短期借款

　贷：银行存款

（2）采取质押方式取得的短期借款

在以应收债权取得质押借款的情况下，企业按实际收到的款项，编写会计分录如下：

借：银行存款

　贷：短期借款

在以应收债权取得质押借款的情况下，企业按实际支付的手续费，编写会计分录如下：

借：财务费用

　贷：银行存款

做账小课堂

小张是一家公司的会计，他所在公司于2021年1月1日向银行借入一笔用于生产经营的短期借款，共计120 000元，期限为6个月，年利率为4%。根据与银行签署的借款协议，该项借款的本金到期后一次归还，利息分月预提，按季度支付。那么，小张该如何进行会计核算呢？

（1）2021年1月1日借入短期借款

借：银行存款　　　　120 000

　贷：短期借款　　　　120 000

（2）2021年1月末计提当月利息

借：财务费用　　　　400

　贷：应付利息　　　　400

当月应计提利息＝120 000×4%/12＝400（元）

2021年2月末计提2月利息费用的账务处理与1月相同。

（3）2021 年 3 月末支付第一季度银行借款利息

借：应付利息　　　　　　　　　　1 200

　贷：银行存款　　　　　　　　　　　1 200

2021 年第二季度的账务处理同第一季度一样。

（4）2021 年 7 月 1 日偿还银行借款本金

借：短期借款　　　　　　　　　120 000

　贷：银行存款　　　　　　　　　　120 000

2. 应付账款的核算规范

应付账款是指企业因购买材料、商品或接受劳务供应等经营活动应支付的款项。企业应设置“应付账款”账户，该账户贷方核算企业因购买材料、商品或接受劳务供应等而应付给供应单位的款项，借方核算实际支付给供应单位的应付款项，以及与债权人进行债务重组和确实无法支付而转为营业外收入的应付账款等。结算时，余额在贷方，反映企业尚未支付的应付账款。

根据具体的事项，应付账款的核算规范包括以下两个方面。

（1）企业购入材料、商品等，并验收入库，但货款尚未支付

借：原材料

　　在途物资

　　应交税费——应交增值税（进项税额）

　贷：应付账款

（2）企业接受供应单位提供劳务发生的应付未付款项

借：生产成本

　　管理费用

　贷：应付账款

当支付款项时，编写会计分录如下：

借：应付账款

　贷：银行存款

3. 应付票据的核算规范

应付票据是指由出票人出票，委托付款人在指定日期无条件支付确定的金

额给收款人或持票人的票据，包括银行承兑汇票和商业承兑汇票。企业应设置“应付票据”账户，该账户贷方核算企业应付的银行承兑汇票或商业承兑汇票，借方核算到期实际支付的应付票据款或票据到期无力支付而转入应付账款的票据款。结算时，余额在贷方，反映企业持有的尚未到期应付票据本息。

根据具体的事项，应付票据的核算规范包括以下两个方面。

（1）企业开出商业汇票

当企业开出商业汇票或以商业承兑汇票抵付货款、应付账款时，编写会计分录如下：

借：应付账款
　　在途物资
　　库存商品
　　应交税费——应交增值税（进项税额）等
　贷：应付票据

当企业支付银行承兑汇票的手续费时，编写会计分录如下：

借：财务费用
　贷：银行存款

当企业收到银行支付到期票据的付款通知，支付款项时，编写会计分录如下：

借：应付票据
　贷：银行存款

（2）应付票据到期

当应付票据到期支付本息时，编写会计分录如下：

借：应付票据
　　财务费用（未计提的利息）
　贷：银行存款

当银行承兑汇票到期，企业无力支付票款时，编写会计分录如下：

借：应付票据
　贷：短期借款

4. 应付职工薪酬的核算规范

职工薪酬是指企业为获得职工提供的服务给予各种形式的报酬及其他相关

支出。根据具体的事项，应付职工薪酬的核算规范包括以下四个方面。

(1) 生产部门的职工薪酬

针对生产部门人员的职工薪酬，编写会计分录如下：

借：生产成本

　　制造费用

　　劳务成本等

　贷：应付职工薪酬

针对由在建工程、研发支出负担的职工薪酬，编写会计分录如下：

借：在建工程

　　研发支出等

　贷：应付职工薪酬

针对管理部门人员、销售人员的职工薪酬，编写会计分录如下：

借：管理费用 / 销售费用

　贷：应付职工薪酬

(2) 以企业自产产品发放给职工作为职工薪酬

当企业以自产产品发给员工作为职工薪酬时，编写会计分录如下：

借：生产成本

　　制造费用

　　管理费用等

　贷：应付职工薪酬

当企业向员工无偿提供住房等固定资产使用时，编写会计分录如下：

借：生产成本

　　制造费用

　　管理费用等（按应计提折旧额）

　贷：应付职工薪酬

同时，还应编写会计分录如下：

借：应付职工薪酬

　贷：累计折旧

当企业租赁住房等资产供职工无偿使用时，编写会计分录如下：

借：生产成本

制造费用

管理费用等

贷：应付职工薪酬

（3）解除与职工的劳动关系给予的补偿

当企业因解除与职工的劳动关系而给予其补偿时，编写会计分录如下：

借：管理费用

贷：应付职工薪酬

（4）以现金与职工结算的股份支付

在等待期内每个资产负债表日，按当期应确认的成本费用金额，编写会计分录如下：

借：生产成本

制造费用

管理费用等

贷：应付职工薪酬

在可行权日之后，以现金结算的股份支付当期公允价值的变动金额，借记或贷记“公允价值变动损益”科目，贷记或借记“应付职工薪酬”科目。

针对外资企业按规定从净利润中提取的职工奖励及福利基金，编写会计分录如下：

借：利润分配——提取职工奖励及福利基金

贷：应付职工薪酬

5. 应交税费的核算规范

应交税费是指企业在生产经营活动中产生的应向国家缴纳的各种税费，其中包含了增值税、消费税、所得税等。企业应设置“应交税费”账户，该账户贷方核算按规定应予缴纳的税费，借方核算实际需要抵扣的税费。结算时，如果余额在贷方，则反映企业尚未缴纳的税费；如果余额在借方，则反映企业多缴纳或尚未抵扣的税费。

增值税已成为我国最主要的税种之一，其在企业所缴税额中占比较大，且与其他税种相比，其核算规范较为烦琐，因此，这里着重向大家介绍增值税的核算规范，它主要包括以下九个方面。

（1）在国内采购的物资

当在国内采购物资时，编写会计分录如下：

借：在途物资

　　应交税费——应交增值税（进项税额）

　贷：应付账款

　　　应付票据

　　　银行存款

当出现退货情况时，会计分录则完全相反。

（2）购入免税农产品

借：库存商品

　　原材料

　　应交税费——应交增值税（进项税额）

　贷：银行存款

　　　应付账款

（3）进口物资

借：库存商品（海关完税价格）

　　应交税费——应交增值税（进项税额）

　贷：应付账款

　　　银行存款

（4）投资者转入的物资

借：原材料（合同或协议定价）

　　应交税费——应交增值税（进项税额）

　贷：实收资本

　　　资金公积（协议与发票的差额）

（5）销售物资或提供应税劳务

借：应收账款

　　应收票据（实际营业收入）

　贷：主营业务收入

　　　其他业务收入

　　　应交税费——应交增值税（销项税额）

当出现商品被退回的情况时，会计分录则完全相反。

（6）实行“免、抵、退”办法的出口退税业务

根据规定计算的当期出口物资不予免征、抵扣、退税的税额，计入出口物资成本，编写会计分录如下：

借：主营业务成本

　贷：应交税费——应交增值税（进项税额转出）

根据规定计算的当期出口物资应予抵扣的税额，编写会计分录如下：

借：应交税费——应交增值税（出口抵减内销产品应纳税额）

　贷：应交税费——应交增值税（出口退税）

因应抵扣的税额大于应纳税额而全部抵扣时，根据规定应予退回的税款，编写会计分录如下：

借：其他应收款

　贷：应交税费——应交增值税（出口退税）

当收到退回的税款时，编写会计分录如下：

借：银行存款

　贷：其他应收款

（7）未实行“免、抵、退”办法的出口退税业务

当物资出口销售时，编写会计分录如下：

借：应收账款（按当期出口物资应收的款项）

　　其他应收款（按规定计算的应收出口退税）

　　主营业务成本（按规定计算的不予退回的税费）

　贷：主营业务收入（按当期出口物资实现的营业收入）

　　　应交税费——应交增值税（销项税额）

当收到退回的税款时，编写会计分录如下：

借：银行存款

　贷：其他应收款

（8）不予抵扣项目

在购进的物资、在产品、产成品发生非正常损失，以及购进物资改变用途等情况下，其进项税额应转入有关科目，此时，编写会计分录如下：

借：待处理财产损溢

贷：原材料

库存商品

应交税费——应交增值税（进项税额转出）

属于转作待处理财产损失的部分，应与遭受非正常损失的购进物资、在产品、产成品成本一并处理。

（9）视同销售业务

企业将自产或委托加工的货物用于非应税项目、投资、集体福利消费等，应视同销售物资，并计算应交增值税，此时，编写会计分录如下：

借：在建工程

长期股权投资

应付职工薪酬

营业外支出——捐赠支出等

贷：库存商品

应交税费——应交增值税（销项税额）等

6. 应付股利的核算规范

应付股利是指企业根据股东大会或类似机构审议批准分配的现金股利或利润。根据具体的事项，应付账款的核算规范包括以下两个方面。

（1）分派股利

当企业根据股东大会或类似机构审议批准的利润分配方案，确认应付给投资者现金股利或利润时，编写会计分录如下：

借：利润分配

贷：应付股利

（2）支付股利

当企业向投资者实际支付现金股利或利润时，编写会计分录如下：

借：应付股利

贷：银行存款

7. 预收账款的核算规范

预收账款是指企业按照合同规定向购货单位预收的款项。在核算时，预收账款主要有两种情况，即预收购货单位款项和实收购货单位款项。

（1）预收购货单位款项

当企业向购货单位预收款项时，编写会计分录如下：

借：银行存款

　贷：预收账款

（2）实收购货单位款项

当完成销售活动时，编写会计分录如下：

借：预收账款（实际的销售收入）

　贷：主营业务收入（实际的营业收入）

　　　应交税费——应交增值税（销项税额）

当企业的预收账款的数额小于货物价格时，应收取购货单位的补付款项，此时，编写会计分录如下：

借：银行存款

　贷：预收账款

当企业的预付账款的数额大于货物价格时，应向购货单位退款，会计分录则完全相反。

8. 其他应付款的核算规范

其他应付款是指企业在商品交易或劳务供应业务之外发生的应付、暂收其他单位或个人的款项。企业应设置“其他应付款”账户，该账户贷方核算企业应付经营租入固定资产和包装物的租金、其他单位存入的保证金和暂收其他单位或个人的款项等，借方核算企业实际支付的应付及暂收其他单位或个人的款项。结算时，余额在贷方，反映企业尚未支付的其他应付款。

6.2.2 非流动负债的核算规范

非流动负债，又称长期负债，是指企业需要在一年以上或者超过一年的一个营业周期以上偿还的债务。它包括长期借款、应付债券和长期应付款等。

1. 长期借款的核算规范

长期借款是指企业向银行或其他金融机构借入的期限在一年以上（不含一年）的各项借款。企业应设置“长期借款”账户，该账户贷方核算借入的长期借款的本金，以及长期外币借款汇兑差额，借方核算归还的长期借款的本金。结算时，余额在贷方，反映企业尚未偿还的长期借款的摊余成本。

根据具体的事项，长期借款的核算规范包括以下两个方面。

（1）借入与使用

当企业借入长期借款时，编写会计分录如下：

借：银行存款

　贷：长期借款

当资产负债表日核算时，编写会计分录如下：

借：在建工程

　　财务费用

　　制造费用（按摊余成本和实际利率计算利息）等

　贷：应付利息——长期借款利息（按合同约定的名义利率[1]计算确定的应付利息）

　　　长期借款（利息调整）

（2）还款

当企业归还长期借款的本金时，编写会计分录如下：

借：长期借款——本金

　　长期借款——应付利息

　贷：银行存款

2. 应付债券的核算规范

应付债券是企业为筹集（长期）资金而发行的还款期在一年以上的债券。企业应设置“应付债券”账户，该账户贷方核算发行债券的面值、到期一次还本付息确认的应计利息、按实际利率法计算确定的利息费用的借方调整金额，借方核算按实际利率法计算确定的利息费用的贷方调整金额、债券到期支付的债券本息。结算时，余额在贷方，反映尚未偿还债券的账面价值。

根据具体的事项，应付债券的核算规范包括以下三个方面。

[1] 名义利率是央行或其他提供资金借贷的机构所公布的未调整通货膨胀因素的利率，即利息（报酬）的货币额与本金的货币额的比率。

（1）债券发行

借：银行存款

贷：应付债券——面值（按实际收到的金额）

当存在差额时，按其差额，借记或贷记“应付债券——利息调整”科目。

（2）债券到期

借：应付债券——面值

应付债券——应计利息

贷：银行存款

当存在利息调整余额时，应借记或贷记“应付债券——利息调整”科目，贷记或借记相应科目。

（3）可转换公司债券

针对企业发行的可转换公司债券，编写会计分录如下：

借：银行存款

贷：应付债券——可转换公司债券（面值）

资本公积——其他资本公积（权益成分的公允价值）

另外，根据其差额借记或贷记“应付债券——利息调整”科目。

当可转换公司债券持有人行使转换的权利，将其持有的债券转换成股票时，编写会计分录如下：

借：应付债券——可转换公司债券（面值）

应付债券——可转换公司债券（利息调整）

资本公积——其他资本公积

贷：股本

资本公积——股本溢价

银行存款（现金支付不可转换股票的部分）

3. 长期应付款的核算规范

长期应付款是指企业除长期借款和应付债券以外的其他各种长期应付款项。根据具体的事项，长期应付款的核算规范包括以下五个方面。

（1）以分期付款方式购入固定资产、无形资产发生的应付账款

分期付款的资产会因货币时间价值而形成未确认融资费用，在进行核算时应着重注意这一点。

借：固定资产

无形资产

未确认融资费用

贷：长期应付款

（2）融资租入固定资产形成的长期应付款

针对发生的初始租赁费用，编写会计分录如下：

借：在建工程

固定资产

贷：长期应付款——应付融资租入固定资产租赁费（最低租赁付款额）

针对初始租赁费用与最低租赁付款额的差额，编写会计分录如下：

借：未确认融资费用

贷：银行存款

（3）支付购买价款和融资租赁费

借：长期应付款——应付融资租入固定资产租赁费

贷：银行存款

（4）计提融资租赁资产折旧

借：制造费用

生产成本

贷：累积折旧

（5）未确认融资费用的摊销

企业现有资金不足，购买资产时选择分期支付款项，导致实际支付的款项大于资产的购入价值，此时所产生的实际支付款项和资产购入价值之间的差额就是未确认融资费用。该费用是长期应付款的备抵科目，因为它是在整个支付期间产生的，所以要按照合理的分摊率在整个期间进行分摊。

在计算各期摊销的未确认融资费用时，采用的计算公式为：（长期应付款余额－未确认融资费用余额）×实际利率＝未确认融资费用摊销额

企业融资租入的固定资产，在租赁期开始时，根据应计入固定资产成本的金额（租赁期开始时租赁资产公允价值与最低租赁付款额现值两者中较低者，加上初始直接费用），编写会计分录如下：

借：在建工程（或固定资产）——未确认融资费用（差额）

贷：长期应付款（按最低租赁付款额）——银行存款（初始直接费用）

未确认融资费用的应在各个租赁期进行分摊，根据实际利率法，编写会计分录如下：

借：财务费用

贷：未确认融资费用

实操笔记

【多选题】“应付债券”账户贷方核算的内容有（ ）。

A. 发行债券的面值

B. 到期一次还本付息确认的应计利息

C. 按实际利率法计算确定的利息费用的借方调整金额

D. 债券到期支付的债券本息

答案：ABC

6.3 所有者权益业务核算

所有者权益是指企业资产扣除负债后，由所有者享有的剩余权益。在实际工作中，针对企业的所有者权益业务，会计人员编写的会计分录通常包括“实收资本”“资本公积”“盈余公积”三大账户。下面带领大家学习实收资本、资本公积和盈余公积的具体核算规范。

6.3.1 实收资本的核算规范

实收资本是指投资者按照企业章程，或者合同、协议的约定，实际投入企业的资本。企业的投入资本应通过设置“实收资本”账户进行核算，该账户贷方登记资本投入的增加额，借方登记资本变动时的冲转减少额。结算时，余额在贷方，反映企业实际收到投资者投入的资本或股本总额。

1. 一般性企业实收资本的核算规范

在核算一般性企业的实收资本时，“实收资本”账户的贷方核算收到各投资者符合规定的出资额，借方核算投资者按规定减少投资或归还投资的数额。结算时，余额在贷方，反映企业实有的资本数额。

根据实际情况，一般性企业（特指非外商企业）投资者投入资本的方式有三种，分别是以现金投入的资本、以非现金投入的资本、以外币投入的资本。一般性企业（特指非外商企业）投资者投入资本的方式及核算规范如表6-3所示。

表6-3 一般性企业（特指非外商企业）投资者投入资本的方式及核算规范

投资者投入资本的方式	核算规范
以现金投入的资本	借：银行存款 　贷：实收资本 　　　资本公积

续表

投资者投入资本的方式	核算规范
以非现金投入的资本	借：固定资产 　　无形资产等 　贷：实收资本 　　　资本公积（投入资产的价值超过协议出资额）
以外币投入的资本	借：银行存款 　贷：实收资本（外币按交易日汇率折算成人民币）

在实际工作中，如果出现实收资本减少的情况，应根据减少的金额，借记“实收资本”科目，贷记“银行存款”等科目。

做账小课堂

A公司和B公司合资成立了一家新公司，A公司投入营业用房一座，原价为100万元，经过评估后确定其价值为90万元，B公司投入营业设备一台，原价为40万元，经过评估后确定其价值为50万元。那么，现在这家新公司的会计分录应如何编写？

（1）收到A公司投入的营业用房

借：固定资产——房屋建筑物　　1 000 000
　贷：实收资本——A公司　　900 000
　　　累积折旧　　100 000

（2）收到B公司投入的营业设备

借：固定资产——营业设备　　500 000
　贷：实收资本——B公司　　500 000

2. 外商投资企业实收资本的核算规范

外商投入资本的方式有三种，分别是以现金投入的资本、以实物投入的资本、以无形资产投入的资本。外商投入资本的方式及核算规范如表6-4所示。

表 6-4 外商投入资本的方式及核算规范

外商投入资本的方式	核算规范
以现金投入的资本	根据《企业会计准则》的规定，以人民币为记账本位币，外方投资人投入外币时，应按当日或当月 1 日公布的外汇牌价折合成人民币记入有关资产账户。按合同约定的汇率折算成人民币记入“实收资本”科目，其差额记入“资本公积——外币折算差额”科目
以实物投入的资本	①外商以房屋、建筑物、机械设备、生产材料等实物进行投资时，具体价值由投资经营各方按照公平合理的原则协商确定，或者经协商聘请第三方进行评定 ②根据协商或第三方评定的价值，借记“固定资产”科目，贷记“实收资本——外方”科目
以无形资产投入的资本	外商以版权、技术专利等无形资产投资时，企业应根据合同商定的价值和实际收到无形资产的日期，借记“无形资产”科目，贷记“实收资本——外方”科目

3. 股份有限公司股本的核算规范

股本是指股份有限公司通过股份集资而形成的资本，企业的股本应在核定的股本总额及核定的股份总额范围内发行股票取得。股本的核算事项包括股票发行、股本增加和股本减少。

企业应设置“股本”账户，该账户的贷方核算企业股本的取得或增加，股本的取得或增加主要包括在境内与境外发行股票、用资本公积或盈余公积转增股本、发放股票股利、可转换债券转为股本等，借方核算企业股本的减少，主要包括股本的注销和股票的回购。结算时，余额在贷方，反映企业实有的股本总额。

6. 3. 2 资本公积的核算规范

资本公积是指企业在经营过程中由于接受捐赠、资本溢价或股本溢价及法定财产重估增值等原因形成的公积金。资本公积是与企业收益无关，而与资本相关的贷项，是指投资者或他人投入到企业的、所有权归属投资者的、投入金额超过法定资本部分的资本。

资本公积的核算规范主要包括资本溢价或股本溢价的核算规范、其他资本公积的核算规范、资本公积转增资本或股本的核算规范三个方面。

1. 资本溢价或股本溢价的核算规范

什么是资本溢价和股本溢价？有限责任公司的投资者实际投入的资金超过其在注册资本中所占份额的部分是资本溢价；股份有限公司溢价发行股票时实际收到的款项超过股票面值总额的溢价收入，将发行股票产生的相关手续费、佣金等从溢价收入中扣除，扣除后剩余的溢价收入则是股本溢价。

当企业收到投资者投入的资本时，编写会计分录如下：

借：银行存款

　　其他应收款

　　固定资产

　　无形资产

　贷：实收资本

　　　股本（按其在注册资本或股本中所占份额）

　　　资本公积——资本溢价

　　　资本公积——股本溢价（两者差额）

针对与发行权益性证券直接相关的手续费、佣金等交易费用，编写会计分录如下：

借：资本公积——股本溢价

　贷：银行存款

2. 其他资本公积的核算规范

当企业使用权益法对长期股权投资进行核算时，在持股比例不变的情况下，被投资企业除净损益以外所有者权益的其他变动，公司按持股比例计算应享有的份额，借记“长期股权投资——所有者权益其他变动”科目，贷记“资本公积——其他资本公积”科目。

3. 资本公积转增资本或股本的核算规范

企业经股东大会或其他方式进行决议，在用资本公积转增资本时，有限责任公司一般借记“资本公积——资本溢价”科目，贷记“实收资本”科目；在用资本公积转增股本时，股份有限公司借记“资本公积——股本溢价”科目，贷记“股本”科目。

6.3.3 盈余公积的核算规范

盈余公积是指企业从税后利润中提取形成的、存留于企业内部的、具有特定用途的收益积累。

根据具体的事项，盈余公积的核算规范主要包括四个方面。盈余公积的核算规范如表 6-5 所示。

表 6-5 盈余公积的核算规范

核算事项	核算规范
盈余公积提取	①当企业提取盈余公积时，编写会计分录如下： 借：利润分配——提取法定盈余公积 利润分配——提取任意盈余公积 贷：盈余公积——法定盈余公积 盈余公积——任意盈余公积 ②当外商投资企业提取储备基金、企业发展基金时，编写会计分录如下： 借：利润分配——提取储备基金 利润分配——提取企业发展基金 利润分配——提取职工奖励及福利基金 贷：盈余公积——储备基金 盈余公积——企业发展基金 应付职工薪酬
盈余公积弥补亏损	①当企业经股东大会决议，用盈余公积弥补亏损时，编写会计分录如下： 借：盈余公积 贷：利润分配——盈余公积补亏 实收资本 股本 ②当外商投资企业经批准用储备基金弥补亏损时，编写会计分录如下： 借：盈余公积——储备基金 贷：利润分配——其他转入
新股或股利派送	①当企业经股东大会决议，用盈余公积派送新股时，编写会计分录如下： 借：盈余公积 贷：股本 资本公积——股本溢价 ②当企业经股东大会或类似机构决议，用盈余公积分配现金股利或利润时，编写会计分录如下： 借：盈余公积 贷：应付股利

续表

核算事项	核算规范
盈余公积转增资本	按照《中华人民共和国公司法》批准的转增数额，编写会计分录如下： 借：盈余公积 贷：实收资本 股本

实操笔记

【多选题】下列选项中，可能引起资本公积变动的有（　）。

A. 按照《中华人民共和国公司法》批准的用盈余公积转增资本

B. 计入当期损益的利得

C. 用资本公积转增资本

D. 处置采用权益法核算的长期股权投资

答案：ACD

6.4 收入业务核算

A 公司售出一批商品，货到后买方发现商品存在瑕疵，买方要求 A 公司在价格上给予优惠。以上这一情况在会计核算时与企业收入业务核算相关。除此之外，在企业的收入业务中，还有许多其他复杂的情况。本节将具体介绍企业销售收入的核算规范、建造合同收入的核算规范、其他业务收入的核算规范。

6.4.1 销售收入的核算规范

企业的销售收入通过“主营业务收入”账户进行核算。“主营业务收入”账户贷方核算企业销售商品或提供劳务实现的收入，借方核算已结转的主营业务收入，以及发生的销售退回或销售折让冲减的营业收入。结算时，根据具体的期限将“主营业务收入”账户的余额转入对应的账户，结转后“主营业务收入”账户应无余额。

根据具体的事项，销售收入的核算规范主要包括五个方面。销售收入的核算规范如表 6-6 所示。

表 6-6 销售收入的核算规范

核算事项	核算规范
销售商品的收入	借：银行存款 应收账款 应收票据（实际销售收到的金额）等 贷：主营业务收入（确认的营业收入） 应交税费——应交增值税
发生现金折扣	借：银行存款（实际收到的金额） 财务费用（折扣金额）等 贷：应收账款
发生销售退回或销售折让	借：主营业务收入（应冲减的营业收入） 应交税费——应交增值税 贷：银行存款 应收账款（实际支付或应退还的金额）

续表

核算事项	核算规范
售后回购方式销售商品	①当企业采用回购方式融入资金时，编写会计分录如下： 借：银行存款 　贷：其他应付款 ②回购价格与原销售价之间的差额，应在售后回购期内根据期限计提利息费用，此时，编写会计分录如下： 借：财务费用 　贷：其他应付款 ③当企业按合同约定回购商品时，编写会计分录如下： 借：其他应付款 　贷：银行存款
提供劳务	对于符合收入确认条件而确认的本期劳务收入，编写会计分录如下： 借：银行存款 　　应收账款 　　应收票据（实际收到或应收的金额）等 　贷：主营业务收入（实际的劳务收入） 　　　应交税费——应交增值税

做账小课堂

A 公司售出一批商品，增值税发票上的售价为 10 000 元，增值税额为 1 300 元，货到后买方发现商品存在瑕疵，由此，买方要求 A 公司在价格上给予 10% 的折让。那么这种情况下，A 公司的会计分录该如何编写？

①销售实现时：

借：应收账款　　11 300

　贷：主营业务收入　　10 000

　　　应交税费——应交增值税　　1 300

②发生销售折让时：

借：主营业务收入　　1 000

　　应交税费——应交增值税　　130

　贷：应收账款　　1 130

③实际收到款项时：

借：银行存款　　10 170

　贷：应收账款　　10 170

6.4.2 建造合同收入的核算规范

建造合同收入是指应于完成合同规定的工程形象进度或工程阶段，与发包单位进行工程价款结算时，确认的工程收入。

根据具体的事项，建造合同收入的核算规范主要包括合同结果能可靠计量时的收入核算规范和合同结果不能可靠计量时的收入核算规范。

1. 合同结果能可靠计量时的收入核算规范

当合同结果能够可靠计量时，合同收入和合同成本的确认可采用完工百分比法。完工百分比法的计算流程如表 6-7 所示。

表 6-7 完工百分比法的计算流程

计算步骤	说明
确定合同的完工进度	合同的完工进度（完工百分比）= 累积实际发生的合同成本 / 合同预计总成本 ×100%
计算合同收入及合同成本	报告期确认的合同收入 = 合同总收入 × 完工百分比 - 以前年度累计已确认的收入 报告期确认的合同毛利 =（合同总收入 - 合同预计总成本）× 完工百分比 - 以前年度累计已确认的毛利 报告期确认的合同成本 = 报告期确认的合同收入 - 报告期确认的合同毛利 - 以前年度以及损失准备
根据计算结果，确认合同的收入及成本	借：主营业务成本——合同成本 工程施工——合同毛利 贷：主营业务收入——合同收入

2. 合同结果不能可靠计量时的收入核算规范

当合同结果不能可靠计量时，通常有两种情况。一是建造合同结果不能可靠地评估金额，但合同成本能够收回来进行实际合同成本确认。合同成本在其发生的当期确认为合同费用。二是当合同结果不能可靠地评估金额，而且合同成本不能收回，则不确认收入。合同成本在发生期间即确认为合同费用。

当出现以上两种情况的时候，就需要会计人员在合同成本发生时就确认为费用。

6.4.3 其他业务收入的核算规范

其他业务收入是指除主营业务收入以外的其他销售或其他业务的收入，如材料销售收入、代购代销收入、无形资产与包装物出租收入等。

企业的其他业务收入通过“其他业务收入”账户核算，该账户贷方核算实际取得的其他业务收入，借方核算已结转的其他业务收入，期末结转后无余额。

在确认其他业务收入时，发生的其他业务收入，如材料销售、技术转让、运输业务等产生的收入，应根据售价和应交税费，借记“银行存款”“应收账款”等科目，根据实现的营业收入，贷记“其他业务收入”科目。

在结转其他业务收入时，根据结转的期限，借记“其他业务收入”科目，贷记与结转期限相对应的利润科目。

实操笔记

【算一算】一家建筑企业与客户签订了一项总金额为 1 000 万元的固定造价合同，合同完工进度按照累积实际发生的合同成本占合同预计总成本的比例确定。工程已于 2019 年 1 月开工，预计 2021 年 10 月完工。已知该项目于 2019 年实际发生成本 300 万元，预计完成合同的履行尚需发生成本 500 万元，那么，2019 年该项目确认的合同收入、合同毛利和合同成本分别是多少？

答案：合同完工进度 = 300/（300+500）×100% =37.5%

2019 年确认的合同收入 =1000×37.5% = 375（万元）

2019 年确认的合同毛利 =（1 000 − 300 − 500）×37.5% = 75（万元）

2019 年确认的合同成本 = 375 − 75 = 300（万元）

6.5 成本和费用业务核算

企业产生的成本和费用是指企业在生产经营中所发生的各种资金耗费，其综合反映了企业的工作质量，是推动企业提高经营管理水平的重要力量。

在实际工作中，会计人员主要对成本和费用业务中的产品成本和期间费用进行会计核算，下面我们就来了解一下它们的具体核算规范。

6.5.1 产品成本的核算规范

产品成本是指企业为了生产产品而发生的各种耗费，包括生产成本、制造费用等。产品成本核算是指把一定时期内企业生产过程中所发生的费用，按其性质和发生地点进行分类归集、汇总、核算，从而计算出该时期内生产费用发生总额，并按适当方法分别计算出各种产品的实际成本和单位成本等。

1. 归集与分配基本生产成本的核算规范

基本生产成本是指企业基本生产车间发生的直接人工费、直接材料费和其他直接费用，其会计分录如下：

借：生产成本——基本生产成本

　贷：制造费用

结算时，采用一定的方式计算出在结算时间内产品与完工产成品的成本，当完工产成品办理验收入库时，按其实际成本，编写会计分录如下：

借：库存商品

　贷：生产成本——基本生产成本

2. 归集与分配辅助生产成本的核算规范

辅助生产成本是指辅助生产车间、单位、部门为基本生产提供一定产品和劳务所发生的生产费用总和。一般借记“生产成本——辅助生产成本”科目，贷记“银行存款”“应付职工薪酬”“原材料”等科目。

各生产车间应负担的制造费用，借记“生产成本——辅助生产成本”科目，贷记“制造费用”科目。

企业辅助生产车间为基本生产车间、企业管理部门和其他部门提供的劳务和产品，在月末时，应按一定的分配方法分配给各受益对象，借记“生产成本——基本生产成本”“管理费用”“销售费用”“其他业务成本”“在建工程”等科目，贷记“生产成本——辅助生产成本”科目。

3. 归集与分配制造费用的核算规范

制造费用是指企业生产车间为生产产品和提供劳务而发生的各项间接费用，包括工资和福利费、折旧费、修理费等。企业应设置“制造费用”账户，该账户借方核算实际发生的制造费用，贷方核算分配结转的制造费用，除季节性生产企业外，期末结转后无余额。

6.5.2 期间费用的核算规范

期间费用是指企业日常活动中发生的不能计入特定核算对象的成本，而应计入当期损益的费用。期间费用是企业日常活动中发生的经济利益的流出。之所以不计入特定的成本核算对象，主要是因为期间费用是企业为组织和管理整个经营活动所发生的费用，与可以确定特定成本核算对象的材料采购、产成品生产等没有直接关系，因而期间费用不计入有关核算对象的成本，而是直接计入当期损益。因此，期间费用的主要范围包含销售费用、管理费用和财务费用。

1. 销售费用的核算规范

销售费用是指企业在销售商品和材料、提供劳务的过程中发生的各项费用。它包括运输费、装卸费、包装费、保险费、展览费、广告费、商品维修费、预计产品质量保证损失等；还包括为销售本企业商品而专设的销售机构所发生的费用，如职工薪酬、业务费、折旧费及其他经费等。

企业应根据实际发生的销售费用，借记“销售费用”科目，贷记有关科目，结转后无余额。

2. 管理费用的核算规范

管理费用是指企业为组织和管理生产经营活动所发生的各项费用，包括公司经费、工会经费、职工教育经费等。

企业发生管理费用时，应借记“管理费用”科目，贷记有关科目，结转后无余额。根据具体的事项，管理费用的核算规范主要包括八个方面。管理费用的核算规范如表 6-8 所示

表 6-8 管理费用的核算规范

管理费用	核算规范
企业筹建期间发生的开办费，包括人员工资、办公费、差旅费等	借：管理费用 贷：银行存款
公司经费，包括管理部门职工薪酬、折旧及修理费、领用的低值易耗品、办公费、差旅费等	借：管理费用 贷：应付职工薪酬 累计折旧 原材料
提取的工会经费、职工教育经费、各种保险和住房公积金等	借：管理费用 贷：应付职工薪酬
董事会费，包括董事会成员津贴、会议费等	借：管理费用 贷：银行存款
应计入管理费用的税金	借：管理费用 贷：应交税费 当需要缴纳印花税时，编写会计分录如下： 借：管理费用 贷：银行存款
经批准处理的存货盘盈、盘亏	①当盘盈时，编写会计分录如下： 借：待处理财产损溢——待处理流动资产损溢 贷：管理费用 ②当盘亏时，编写会计分录如下： 借：管理费用 贷：待处理财产损溢——待处理流动资产损溢
管理费用中的其他支出，包括招待费、中介费、咨询费等	借：管理费用 贷：银行存款
期末结算管理费用	借：本年利润 贷：管理费用

3. 财务费用的核算规范

财务费用是指企业为筹集生产经营所需资金而发生的费用，包括应当作为期间费用的利息支出、汇兑损失及相关手续费、企业发生的现金折扣或收到的现金折扣等。

企业应设置“财务费用”账户，该账户借方核算利息费用、银行手续费及汇兑损失等，贷方核算利息收入、汇兑收益等，期末结转后无余额。

根据具体的事项，财务费用的核算规范主要包括以下三个方面。

（1）利息支出与收入

企业发生的应冲减财务费用的利息收入、现金折扣，应借记“应付账款”“银行存款”等科目；企业发生的利息支出，应借记“未确认融资费用”“财务费用”等科目，贷记“银行存款”等科目。

（2）支付银行手续费

企业办理银行业务而应支付银行的手续费，应借记“财务费用”科目，贷记“银行存款”科目。

（3）期末结转财务费用

企业期末结转财务费用时，应借记“本年利润”科目，贷记“财务费用”科目。

实操笔记

【单选题】下列选项中，不属于销售费用的是（　）。

A. 运输费　　B. 装卸费

C. 商品维修费　　D. 工会经费

答案：D

6.6 利润分配业务核算

企业挣了多少钱？这些钱从何而来？这些钱怎么分配……想要解答这些问题，就要进行利润分配业务核算，这也是企业会计核算的重要任务。企业利润分配业务的核算规范主要包括本年利润结转的核算规范、利润分配的核算规范，以及以前年度损益调整的核算规范。

6.6.1 本年利润结转的核算规范

本年利润是指企业当年实现的净利润或发生的净亏损。“本年利润”科目贷方核算转入的各项收入、收益，借方核算转入的各项成本、费用、支出。结算时，如果余额在贷方，则反映本年累计实现的利润；如果余额在借方，则反映本年累计发生的亏损。年末，将“本年利润”科目的余额转入“利润分配——未分配利润”科目，结转后“本年利润”科目期末无余额。

本年利润结转的核算规范如表6-9所示。

表6-9 本年利润结转的核算规范

本年利润结转类别	核算规范
本年各项收入、收益的结转	年末结转利润时，应将“主营业务收入”“其他业务收入”“营业外收入”等科目的余额，分别转入“本年利润”科目，借记“主营业务收入”“其他业务收入”“营业外收入”等科目，贷记“本年利润”科目
本年各项成本、费用支出的结转	年末结转利润时，应将“主营业务成本”“税金及附加”“其他业务成本”等各项科目的余额，分别转入“本年利润”科目，借记“本年利润”科目，贷记“主营业务成本”“税金及附加”“其他业务成本”等科目 当投资和公允价值变动存在净损失时，借记“本年利润”科目，贷记“投资收益”“公允价值变动损益”科目
年末本年利润的结转	年末结算时，应将本年度的收入和支出相互抵消后结算出本年实现的净利润，转入“利润分配”科目，借记“本年利润”科目，贷记“利润分配——未分配利润”科目。如果出现亏损的情况，则会计分录相反，并且在结转后“本年利润”科目没有余额

6.6.2 利润分配的核算规范

利润分配是指企业根据国家有关规定、企业章程、投资者的决议等，对企业当年可供分配的利润所进行的分配。

通常情况下企业设有“利润分配”科目，用其核算企业利润的分配和历年分配后的余额。“利润分配”科目应当分别设置“提取法定盈余公积”“提取任意盈余公积”“应付现金股利”“盈余公积补亏”“未分配利润”等明细科目进行核算。“利润分配”科目反映的是企业的利润分配情况或未弥补的亏损。

根据具体的事项，利润分配核算主要包括以下四个方面。

（1）提取盈余公积

当企业按规定提取盈余公积时，编写会计分录如下：

借：利润分配——提取法定盈余公积

　贷：盈余公积——法定盈余公积／任意盈余公积

（2）分配股利和利润

经股东大会或类似机构批准，分配给股东的现金股利和投资者的利润，其会计分录如下：

借：利润分配——应付现金股利

　　利润分配——应付现金利润

　贷：应付股利

经股东大会或类似机构批准分配股票股利，在办理增资手续后，编写会计分录如下：

借：利润分配——转作股本的股利

　贷：股本

当实际分配的股票股利的金额与股票票面金额不相符时，应按其差额，贷记“资本公积——股本溢价”科目

（3）用盈余公积弥补亏损

借：盈余公积——法定盈余公积（任意盈余公积）

　贷：利润分配——盈余公积补亏

（4）会计期末，企业应将全年实现的净利润，自“本年利润”科目转入“利

润分配”科目，并将“利润分配”科目的所有余额，转入“未分配利润”明细科目。结转后，除“未分配利润”明细科目外，“利润分配”下的其他明细科目应无余额。而“未分配利润”明细科目的贷方余额表示累积未分配的利润，借方余额表示累积未弥补的亏损。

做账小课堂

A公司2020年年初未分配利润0元，本年实现净利润100万元，提取法定盈余公积10万元，宣告分配给股东现金股利30万元，假设没有其他因素，A公司2020年的会计分录该如何编写？

（1）结转本年利润

借：本年利润　　1 000 000

　贷：利润分配——未分配利润　　1 000 000

（2）提取法定盈余公积、宣告分配给股东现金股利

借：利润分配——提取法定盈余公积　　100 000

　　利润分配——应付现金股利　　300 000

　贷：盈余公积　　100 000

　　　应付股利　　300 000

同时：

借：利润分配——未分配利润　　400 000

　贷：利润分配——提取法定盈余公积　　100 000

　　　利润分配——应付现金股利　　300 000

6.6.3 以前年度损益调整的核算规范

以前年度损益调整是对以前年度财务报表中的重大错误的更正，这种错误包括计算错误、会计分录差错及漏记事项。以前年度损益调整应在留存收益表（或所有者权益变动表）中予以报告，以税后净影响额列示。对于在企业出报表之前发生的事项，以前年度损益调整将改变留存收益的期初余额。

“以前年度损益调整”科目贷方核算企业调整增加以前年度的利润或调整减少以前年度的亏损，借方核算企业调整减少以前年度的利润或调整增加以前年度的亏损，其余余额转入“利润分配——未分配利润”科目，结转后无余额。

以前年度损益调整的核算规范如表 6-10 所示。

表 6-10　以前年度损益调整的核算规范

事项	核算规范
调整增加以前年度的利润或调整减少以前年度的亏损	当企业调整增加以前年度的利润或调整减少以前年度的亏损时，借记对应的科目，贷记“以前年度损益调整”科目。根据调整增加以前年度利润或调整减少以前年度亏损而对应增加的税费，借记“以前年度损益调整”科目，贷记“应交税费——应交所得税”科目
调整减少以前年度的利润或调整增加以前年度的亏损	当企业调整减少以前年度利润或调整增加以前年度亏损时，借记“以前年度损益调整”科目，贷记对应的科目。根据调整减少以前年度利润或调整增加以前年度亏损而对应减少的税费，借记“应交税费——应交所得税”科目，贷记“以前年度损益调整”科目
结转“以前年度损益调整”科目的余额	以前年度损益调整后，应将“以前年度损益调整”科目的余额，转入“利润分配——未分配利润”科目。调整过后，如果出现贷方余额，应借记“以前年度损益调整”科目，贷记“利润分配——未分配利润”科目；如果出现借方余额，则会计分录相反

实操笔记

写一写：2020 年 1 月，A 公司对本公司 2019 年的年报进行审计，审计后，发现多提坏账准备 20 万元，因此，A 公司需要做 50 000 元企业所得税的调整（企业所得税税率为 25%）。若你是 A 公司的会计，请问此时应如何编写会计分录？

答案：借：坏账准备　　200 000

　　贷：以前年度损益调整　　200 000

　借：以前年度损益调整　　50 000

　　贷：应交税费——应交所得税　　50 000

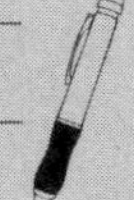

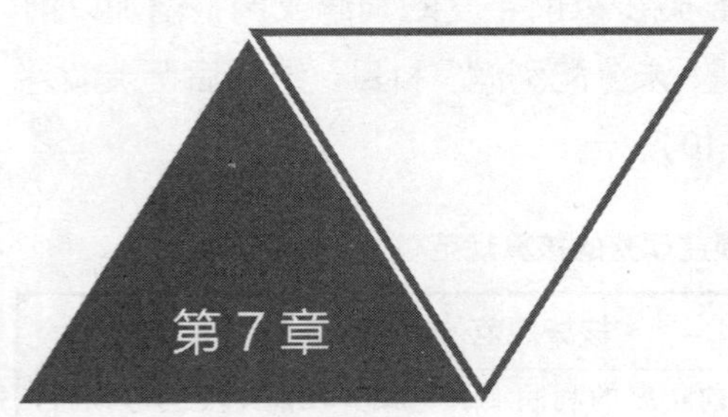

对账与结账：拦截错误，结清账目

对账是会计工作的基础，正确、有效的对账工作实际上是一种行之有效的内部控制方法；而结账则是会计人员每期工作开始和结束的衔接纽带。会计人员需要掌握对账的概念、基本要素和一般方法，错账的核对和更正方法，财产清查的意义、种类、步骤、方法和结果处理，结账的概念、程序和常规方法等方面的专业知识。

♻ 7.1 简单认识对账

临近年末，入职某公司不久的会计新手小金被安排了一个重要的任务——对账。对账是什么？具体的工作内容是什么？这都是困扰小金的问题。但毋庸置疑的是，小金要想学好对账，要先从对账的概念和基本要素入手。

7.1.1 什么是对账

对账是指会计人员核对账目的工作，一般在月末进行，即在记账之后、结账之前进行。

在企业的会计核算中，会计人员难免会在做账时遇到各种差错或账实不符的情况，为保证账簿记录的真实性、完整性和准确性，就有必要进行对账，及时检查、核对账簿中的有关数据。

按照对账范围，对账通常可分为外部对账[1]与内部对账[2]；按照对账内容，对账可分为账证核对、账账核对、账实核对；按照对账时间，对账可分为平时对账和报告期期末对账。

在会计电算化的环境下，会计人员通过系统就能完成自动对账：只需将对账条件输入对应系统中，即能对账目自动执行逐笔检查，并对达到对账标准的记录进行勾对标注，未勾对的即为未达账项[3]。

当会计人员需要利用系统进行自动对账时，只要账与账之间的发生金额相同，且包含业务发生日期、结算方式、结算票号等条件项，即可进行操作。其中，除发生金额相同为必要前提外，其余条件会计人员均可根据实际需要自主选择。

不过，自动对账固然快速、便捷，但作为一名合格的会计人员，手工对账的相关知识仍然要牢牢掌握。

---

[1] 外部对账是指往来账目的核对，如应收、应付账款类账目的核对。

[2] 内部对账是总账系统与业务记录间的对账，涵盖所有表内业务。

[3] 未达账项是指单位与银行之间由于收付款的结算凭证在传递、接收时间上不一致而导致一方已经入账，另一方没有接到凭证尚未入账的款项。

7.1.2 对账的基本要素

对账工作主要是为了保证企业相关科目的一致性，并保证会计凭证按照法规要求准确反映企业运作。在对账时，如果发现差异，会计人员要及时、准确地找出差异产生的原因，衡量差异发生的时间段，并跟踪差异直至解决它为止。为保证效率、效果，在进行对账时，会计人员应留意以下七点对账的基本要素。

1. 分类和选择对账科目

在企业中，资产负债表中的所有科目均应对账，而在对账时，恰当地分类和选择对账科目是十分重要的。我们可以通过对损益类科目的分类和选择来了解这点内容。会计人员可按 ABC 分类法[1]对损益类科目进行分类，即根据损益类科目的重要性将其分为：A 类科目、B 类科目、C 类科目。其中，对于重要的 A 类科目，会计人员必须每月对账，如“销售成本”“销售收入”“预提费用”等科目；对 B、C 类科目可采取达标方式，若超过预算水平或历史水平的若干百分比，则进行核对。

2. 审核对账资料

在对账前，会计人员应对供应商提供的对账资料进行初步审核，对于不满足条件的对账资料，可要求供应商补充、完善。

一般情况下，会计人员应先审核对账手续是否经过签批，然后再按照以下三个标准进行审核：

①对于供应商直接依据由其销售部门账目得到的对账资料，而非依据由其财务部门账目得到的对账资料进行对账的情况，不予对账。

双方核对的账目主要是财务部门账目，供应商销售部门账目可能会与其财务部门账目不符，对账基数容易出现问题，因为最后清算时是以双方财务部门账目为准，所以对账基数不同会给后期双方的清算工作带来许多额外的麻烦。

②对于只提供余额、不提供明细账目的对账资料，不予对账。

供应商必须提供自最后一次对账以来的全部明细账目，以前从未进行过对

---

[1]ABC 分类法，又称帕雷托分析法、主次因素分析法，是项目管理中常用的一种方法。它是根据事物在技术或经济方面的主要特征，进行分类排队，分清重点和一般，从而有区别地确定管理方式的一种分析方法。由于它把被分析的对象分成 A、B、C 三类，所以又称为 ABC 分析法。

账的，必须提供自双方开始业务往来以后的全部明细账目。对于对方因财务决算审计发函并要求核对账面余额的情况，同样应遵循此原则。

③对于多年无业务往来的供应商前来对账的情况，即使经过签批，供应商的对账资料也必须加盖供应商公章（或财务专用章），或者提供加盖公章的介绍信，否则不予对账。

面对多年无业务往来的供应商，会计人员并不了解其近年来的具体情况，或许对方已有较大变故，比如原有企业已解体、改制，那么，这类供应商现在对账及以后催款都可能是个人行为，并不代表原企业，在此情况下，对账人可能并不具有索偿权利。

当供应商对账资料并不齐全，缺失之前年度的对账资料时，如果今后双方继续合作，那么应就现有资料出具有保留意见的对账单[1]，避免造成历史遗留问题。

审核完对方的对账资料后，对于对账资料和对账手续齐全的供应商，会计人员应及时对账，并出具对账单。

需要注意的是，当供应商的对账资料上的账目不全，且双方余额不相符时，供应商通常会同意暂时以双方较小的余额为准出具对账单。若采购企业余额较小，便不必调整应付账款账面余额；若供应商余额较小，采购企业就要调低应付账款账面余额。会计人员凭对账单确认债务重组收益，这时必须由供应商在对账单上签字，并加盖公章。

此外，对于出现发票丢失且无法确认是采购企业责任的，对账单上的债务便无法由采购企业确认，应要求供应商调减该债权。

3. 调整账目

在对账后，会计人员须及时调整账目，对账形成的未达账项如果在对账单上长期挂账，会影响企业应付账款的真实余额，且后期调整账目时还需再次核实账目，严重影响工作效率。

企业在调整账目时，若未达账项金额较小，可凭企业的自制说明和对账单作为记账凭证附件进行账务处理。若出现需要供应商调整账目的情况，采购企

---

[1] 有保留意见的对账单：在对账单上加一个说明段，说明双方对账由于供应商提供账目不全的原因，只就某年某月以来的账目资料进行对账，以前年度的账目并未核对，暂时以某余额为准出具对账单，采购企业保留进一步调整账目的权利。

业要督促、协助供应商及时调整账目，避免因供应商不及时调整账目而影响其应收债权的真实余额。

4. 审阅对账单

财务经理须定期审阅对账单。对账单是企业月度运营状况及会计工作质量的基本反映，是会计内部控制的重要手段。对账单的定期审阅既可以帮助财务经理进一步分析、掌握企业情况，及时发现问题隐患，还可以帮助其监督会计人员的对账工作。

5. 保管对账单

会计人员每年应根据对账次序将对账单装订成册，将供应商提供的对账资料作为对账单的各类附件与对账单一并装订保存。当会计人员整理供应商提供的对账资料时，须加上对账清单目录，包括供应商所属地区、供应商名称、对账日期等信息，还须注明对账单所属年度、装订人姓名，并按照会计档案的保管规定进行管理。

当相应岗位发生变动时，会计人员应做好手头的对账单的移交工作。

6. 确定对账频率

企业的对账频率应视企业的具体情况而定，会计人员须保证对账中存在的大部分差异能在下月报表中得到及时调整。

7. 制定对账工作规范

根据企业实际情况制定对账工作规范。对账程序规范化，可以避免因个人理解不同而造成偏差，保证对账工作的准确性，提高对账效率。对账工作作为周期性的固定工作，企业在制定相关工作规范时，应注意不相容职责的分工问题，比如，负责应收账款的会计人员不能负责核对“应收账款”账户，出纳不能做“银行存款”账户的对账等。

综上所述，对账工作是保证会计信息质量的重要方法，会计人员须考虑成本效益，结合企业自身的经营特点及外部环境，制定出一整套具体、切实可行的对账工作规范。

实操笔记

【判断题】在对账时，如果发现差异，会计人员不需要及时、准确地找出差异产生的原因。（ ）

答案：错

7.2 对账的一般方法

又到了某公司一月一度的对账日，新人会计小白面对着需要核对的账目一时间无从下手，眼见同事小吴已经熟练地开始了对账工作，小白忍不住讨教起对账的技巧。小吴热心道："我给你列出需要进行对账的几种组合，你就知道该怎么下手了。"可见，对账是有方法的。一般情况下，对账的方法包括账证核对、账账核对、账实核对及其他辅助性对账技巧。下面我们就来看看对账的一般方法。

7.2.1 账证核对

账证核对是指将账簿记录与会计凭证进行核对，观察它们的时间、凭证字号、内容、金额是否一致，记账方向是否相符，这是保证账账相符、账实相符的基础。

账证核对一般是在日常编制凭证和记账过程中进行的，会计人员只有及时核对账证，记一笔对一笔，才能保证账目的准确性。会计人员在月末进行账账核对时，若出现账账不符的情况，也可以通过账证核对的方式来找出错误。

7.2.2 账账核对

账账核对是指各种账簿之间进行的核对，主要包括：总分类账之间的核对；总分类账与其所属明细分类账之间的核对；总分类账资产类科目各账户余额与其负债类、所有者权益类科目各账户余额合计数之间的核对；总分类账与库存现金日记账、银行存款日记账之间的核对；各部门明细分类账之间的核对。

1. 总分类账之间的核对

总分类账之间的核对一般通过编制试算平衡表来进行，前文中已经介绍过试算平衡的内容，这里只简单回顾一下试算平衡公式：

全部账户本期借方发生额合计 = 全部账户本期贷方发生额合计

全部账户的借方期初余额合计 = 全部账户的贷方期初余额合计

全部账户的借方期末余额合计 = 全部账户的贷方期末余额合计

根据以上公式，会计人员只需检查总分类账全部账户本期借方发生额合计与贷方发生额合计是否相符，全部账户的借方期末余额合计与贷方期末余额合计是否相符。

2. 总分类账与其所属明细分类账之间的核对

总分类账与其所属明细分类账之间的核对，是通过对照总分类账与其所属明细分类账进行的。会计人员需要检查总分类账全部账户本期借、贷方发生额及期末余额与其所属明细分类账全部账户本期借、贷方发生额及期末余额之和是否相符，其核对公式如下：

总分类账全部账户本期借、贷方发生额及期末余额 = 所属明细分类账全部账户本期借、贷方发生额及期末余额之和

3. 总分类账资产类科目各账户余额与其负债类、所有者权益类科目各账户余额合计数之间的核对

总分类账资产类科目各账户余额与其负债类、所有者权益类科目各账户余额合计数的核对公式如下：

总分类账资产类科目各账户余额 =Σ[1] 总分类账负债类、所有者权益类科目各账户余额

总分类账各账户借方发生额（或贷方发生额）=Σ 总分类账各账户贷方发生额（或借方发生额）

4. 总分类账与库存现金日记账、银行存款日记账之间的核对

总分类账与库存现金日记账、银行存款日记账之间的核对，主要核对库存现金日记账、银行存款日记账本期发生额及期末余额与总分类账是否相符。

5. 各部门明细分类账之间的核对

各部门明细分类账之间的核对，主要用于清查企业的财产和物资，会计人

[1] 求和号是数学中常用的符号，主要用于求多项数的和，用 Σ 表示。

员应核查财务部门的明细分类账与有关职能部门的明细分类账之间是否相符，具体核查内容主要包括以下三个方面：

①财务部门有关财产物资明细分类账的余额，应同财产物资保管部门和使用部门明细分类账的余额定期核对相符；

②各种有关债务、债权明细分类账的余额，应同有关债务人、债权人明细分类账的余额定期核对相符；

③会计人员应按照规定时间同有关机关核对已缴国库的利润、税金及其他预算缴款。

7.2.3 账实核对

核对完了账面上的数字，会计人员还要进行账实核对，即将各项财产物资、债权债务等账面余额与实有数额进行核对。账实核对的内容主要包括以下六个方面。

1. 库存现金日记账账面余额与库存现金实有数额之间的核对

库存现金日记账账面余额与库存现金实有数额之间的核对应每日进行，并且会计人员还应及时填写库存现金核对情况报告单。其中，当发生现金长短款[1]情况时，会计人员应立即将其列作待处理财产损溢，待查明原因，经批准后再进行相应处理。

需要注意的是，会计人员必须参与库存现金的清查与核对工作，不允许以收据、借条充抵现金；此外，还须查明库存现金是否超过限额、是否存在坐支[2]问题。

2. 银行存款日记账账面余额与开户银行对账单之间的核对

每一张银行对账单，会计人员均须在收到它的一日内将其与银行存款日记账账面余额核对完毕，并根据它每月编制一次银行存款余额调节表；而会计主管人员每月须至少检查一次它们，并写出书面检查意见。

---

[1] 现金长短款是指在盘点和核对库存现金时，发现的除挪用现金、白条顶库、超限额留存现金等情况以外原因的现金日记账余额与库存现金数额不符。

[2] 坐支是指企业收到现金（一般为营业款）后不往银行存，而是直接用于现金支出。

3. 商品、产品、原材料等财产物资明细分类账账面余额与实际库存数额之间的核对

会计人员要定期核对商品、产品、原材料等财产物资明细分类账账面余额与实际库存数额，对企业的其他财产物资明细分类账也要定期核对，年终时须进行一次全面清查。

4. 出租、租入、出借、借入财产等账簿的核对

出租、租入、出借、借入财产等账簿，除合同期满的应进行清结外，其余的应至少每半年核对一次，以保证账实相符。

5. 有价证券账户余额与单位实存有价证券数额之间的核对

对于有价证券账户余额与单位实存有价证券数额，比如国库券、重点企业债券、股票或收款票据等，会计人员也应至少每半年核对一次。

6. 有关债权债务明细账账面余额与对方单位账面记录之间的核对

对于有关债权债务明细账账面余额与对方单位账面记录，会计人员要及时核对、清理结果，以书面形式向会计主管人员汇报，并上报单位领导人。对于核对、清理过程中存在的问题，会计人员应采取措施，积极解决。

7.2.4 其他辅助性对账技巧

其他辅助性对账技巧主要包括账表核对和根据科目性质进行对账工作。

1. 账表核对

在实际对账工作中，为防止出现财务舞弊行为，账表核对必不可少。不过，账表核对属于审计工作的范畴，是指将财务报表中各项目数据与有关的账簿中的数据相核对，以判断财务报表中各项目的数据是否存在差错，财务报表是否如实反映了企业的财务状况、经营成果和现金流量。比如，某会计人员在编制财务报表时，抄错了账簿中的数字。如果这种错误出现在资产负债表中，那么会造成资产数额与负债、所有者权益总额之间的不相等，编表人员和审计人员很容易发现错误；但是，如果这种错误出现在利润表中，虽然会导致利润额的虚增、虚减，却不会出现金额不平衡的情况，编表人员和审计人员不容易发现

错误。很多公司就是抓住了这个漏洞，在财务报表中多报或少报利润额。它们常用的舞弊手段就是在编制利润表时，多写或少写数字。对于这类问题，只有进行账表核对才能发现。

账表核对可以发现或查证账表不符，或虽相符却不合理、不合法的会计错误，对于打击财务舞弊、减少错误、加强内部控制具有十分积极的意义。一般来说，账表核对的内容包括以下三点：

①核对财务报表中某些数字是否与有关总分类账的期末余额相符；

②核对财务报表中某些数字是否与有关明细分类账的期末余额相符；

③核对财务报表中某些数字是否与有关明细分类账的发生额相符。

进行账表核对的人员必须熟识账、表项目之间的勾稽关系。比如，“现金”“银行存款”“其他货币资金”账户余额与资产负债表中“货币资金”项目之间有对应关系。如果不了解账、表项目间的勾稽关系，是无法在对账、查账的过程中发现问题的。

2. 根据科目性质进行对账工作

企业月末报表完成后，会计人员可以根据科目性质进行对账工作。

（1）损益类科目

会计人员在核对企业销售收入时，可以通过实际开出发票的总金额、发出成品数量与销售单价之积来核对；其他无内外部单据相核对的科目，可以采取逐笔审核交易的方法，以审计的眼光来核对会计凭证，并根据科目的性质，考虑有无漏记或复记事项。

在损益类科目的对账中，可能会出现借贷方混淆、重复或遗漏凭证、金额核算错误等问题。通过对账，会计人员能验证录入凭证的正确性，企业也能明确本期情况与历史水平的差异、本期实际情况与预算的差异，及时发现生产经营中可能存在的问题。

企业可对损益类科目做纵向（与历史数据）和横向（与预算数据）的比较，即一般的费用分析。此法须假设实际发生额在会计核算上是正确的，通过比较发现实际参数与比较参数的差异。企业对损益类科目进行对账，不仅可以发现分析数据的横向、纵向差异，还可以检验录入凭证的正确性，核查是否有漏记、复记金额等错误。

（2）资产类、负债类科目

企业可以对“应收账款”科目的总分类账与明细分类账进行金额核对，并对其进行账龄分析，须对超过规定时间的应收账款提出解决方法，跟踪落实。会计人员还须核对“银行存款”科目与银行对账单等外部单据。如果个别资产类、负债表科目没有明细分类账或其他内外部单据与之进行核对，为验证其合法性与准确性，可分析该科目下的交易，通过分析保证录入的凭证符合该科目的适用范围，即保证没有放错科目或重复、遗漏每月应固定录入的凭证。

会计人员需要掌握并熟练运用对账、查账的技巧，只有做到经手账目无差错，审核账目无错弊，才能晋升为拥有“火眼金睛”的金牌会计。

做账小课堂

标准化的对账单是保证会计人员的对账工作规范化、程式化的基础。对账单一般包括会计科目、期初余额、本期发生额、期末余额、挂账时间、差异及原因、拟采取的措施、编制人及批准人签字等项目。其中，损益类科目的对账单还应包括趋势表、与预算和前期历史数据的差异、历史最大值等项目。所有对账依据都应附在对账单后作为备查文件。

实操笔记

【多选题】下列选项中，关于账账核对的说法正确的是（　）。

A. 账账核对是指各种账簿之间进行的核对

B. 总分类账应与其所属明细分类账之间进行核对

C. 总分类账之间应进行核对

D. 总分账应与库存现金日记账、银行存款日记账之间进行核对

答案：ABCD

♻ 7.3 错账的核对与更正

小张是一名会计新手，在登记账簿时会经常出错，但在查找具体的错误账目时又不得其法，总要花费许多时间在错账核对上。好不容易找到了问题所在，小张又要为错账的更正而犯难，那么出现错误后应该如何更正呢？首先要明确的是，账薄中的错误必须按照规范要求进行错账更正，不得随意涂改、刮擦、挖补，甚至撕毁。

在会计工作中，对错账的核对和更正都是必须掌握的技能。下面我们就来看看错账的核对和更正方法。

7.3.1 详查法和抽查法

根据账目的具体核对技巧，错账的核对方法一般可分为详查法和抽查法。

1. 详查法和抽查法的具体核对技巧

（1）详查法的具体核对技巧

①顺查法。顺查法是指核对账目的顺序与记账程序的方向相同的方法，具体来说，就是按记账的顺序，从原始凭证开始核查，再到记账凭证和账簿。顺查法可以全面检查账簿记录的正确性，但是其工作量非常大，只适用于错账较多，并且难以确定核查范围、核查方向的情况。

②逆查法。逆查法是指与记账顺序相反，从错账的位置开始，逆向查找错误原因的方法。这种方法可以有效减轻工作量，在实际工作中运用得较多。

（2）抽查法的具体核对技巧

抽查法是指仅针对错误数字抽查账目的核查方法，一般包括除 2 法、除 9 法、尾数法、差数法、象形法、追根法六种具体核对技巧。

①除 2 法。除 2 法就是将账目中的差异数额除以 2，这种方法可以用于查找因数字记反方向而发生的错误。比如，小张将应记入“短期借款”账户借方

的 7 000 元误记入贷方，导致期末所有账户借方余额合计比所有账户贷方余额合计少 14 000 元，此时，将差异数 14 000 除以 2，得到的 7 000 即为记反方向的数字，这时小张再对照账目寻找错误项就会更方便。

②除 9 法。除 9 法就是将差异数除以 9，这种方法适用于以下三种情况：

第一种，数字颠倒，如将 2 345 元误记为 2 435 元，错误金额比正确金额多 90 元，差异金额 90 元是 9 的倍数；

第二种，数字写小，如将 3 000 元误记为 300 元，错误金额比正确金额少 2 700 元，差异金额 2 700 元是 9 的倍数；

第三种，数字写大，如将 2 000 元误记为 20 000 元，错误金额比正确金额多 18 000 元，差异金额 18 000 元是 9 的倍数。

③尾数法。尾数法是指查找末位数差异金额的末尾，以提高查错效率的方法。它适用于借贷方金额其他位数都一致，只有末位数出现差错的情况。比如，小张试算平衡时，发现借方的合计比贷方多 0.34 元，可查找是否有尾数为 0.34 元的业务存在错误。

④差数法。差数法是指按照错账的差异数查找错误的方法，主要用于查明账目是否存在重记或漏记的现象。比如，小张在记账过程中漏记了借方或贷方，导致试算不平衡，他可以将由此产生的差额与相关金额的账簿记录进行核对，以便找出错误。

⑤象形法。在核对账目的过程中，有时会遇到相差数额极小的错账，这主要是数字形状相像所致。象形法是指根据数字形状的象形规律去查找错误的方法。象形法的差数规律如表 7-1 所示。

表 7-1　象形法的差数规律

相差数字	可能存在的问题
相差 1	可能是“2”与“3”、“5”与“6”之误
相差 2	可能是“3”与“5”、“7”与“9”之误
相差 3	可能是“3”与“6”、“6”与“9”之误
相差 4	可能是“1”与“5”、“4”与“8”之误
相差 5	可能是“0”与“6”、“1”与“7”之误

表 7-1 仅举了几个例子来说明象形法的差数规律，因为不同的人有不同的书写习惯，形状相近的数字也就会多有不同，所以这种方法的差数规律因人而异。

⑥追根法。当会计人员对某笔错账核查许久，本期发生额都正确无误，但试算无法平衡时，往往问题出在源头，此时便可以选择追根法来查找错误。

由于账簿的平衡关系是绝对的，假如本期发生额确实查明正确无误，那么必然是期初数（上期结转数）在结转记账时有差错。会计人员只要对期初数认真核对，验证是否存在结转差错，便能发现问题所在。

2. 详查法和抽查法的优缺点

详查法和抽查法的优点各有不同，在实际的查账工作中，会计人员通常可以根据自己的对账需求和错账类型，选择最合适的方法，以提高工作效率和工作质量。

（1）详查法的优缺点

详查法的优点：能够全面检查账簿记录的正确性，结论可靠；能够降低审计不足的风险，不会存在推断误差的情况；具体的核对技巧也较简单；在审查会计资料的规模上，能够对整个企业或某类业务期间内的会计记录和凭证进行逐一验证；能够全面揭露会计工作中的错弊行为，从而较为全面地查清问题，得到精准的核查结论。

详查法的缺点：工作量大，效率较低，成本耗费高，核查周期长。

因此，详查法适用于错账较多，且难以确定核查范围、核查方向的情况。

（2）抽查法的优缺点

抽查法的优点：能够明确审查重点，从而帮助会计人员高效率、低费用、省时省力地完成核查工作。

抽查法的缺点：抽查结果过分依赖抽查样本的合理性，当抽样不合理或者缺乏代表性时，抽查结果便不能代表总体，从而使会计人员难以从中发现问题，甚至容易以偏概全，得到错误的核查结论。

因此，抽查法只适用于错账较少的情况。

7.3.2 错账更正方法

查找到账目的错误后，会计人员便需要开始进行错账的更正。需要注意的是，账簿中的所有错误，都必须严格按照规范进行更正，不能随意涂改、刮擦、挖补，甚至撕毁。

在做账的过程中，对错账的更正也是一项必备技能，会计人员目前主要使用的更正方法有划线更正法、红字更正法和补充登记法，它们分别适用于不同的情况。错账更正方法如表 7-2 所示。

表 7-2 错账更正方法

方法项目	适用情况	具体操作方法
划线更正法	凭证正确，但登记账簿时有错误	将错误的文字或数字用一条单红线划去表示“注销”，在划线内容上方用蓝字写上正确的文字、数字，在划线处加盖更正人印章，以明确责任 注意事项： ①不要在原有错误字迹上涂改，划红线后原有字迹要仍能辨认； ②采用该方法划掉错误数字时，应将整笔数字划掉，不能只划局部错误数字
红字更正法	记账凭证应借、应贷科目错误	根据错误内容，用红字填制一张错误的记账凭证，并用红字登记入账，在“摘要”栏中写明“冲销某月某日第 × 号凭证错误”字样，以冲销原来的错误记录。然后，再用蓝字或黑字填制一张正确的记账凭证，在“摘要”栏中注明“更正某月某日第 × 号凭证错误”字样，并登记入账
	记账凭证所填金额大于应记金额	将多记金额用红字填制一张记账凭证，并用红字登记入账，在“摘要”栏中注明“冲销某月某日第 × 号凭证多记金额”字样，以冲销多记金额
补充登记法	记账凭证科目无错误，但所填金额小于应记金额	将少记金额用蓝字填制一张记账凭证，并用蓝字登记入账，在“摘要”栏中注明“补充某月某日第 × 号凭证少记金额”，以补充登记少记金额

在核算过程中发生错账不要怕，只要及时、严格地按规定更正相关账目即可。不过，提升账目的准确性、降低错误率应该是广大会计人员的首要目标。

做账小课堂

本节介绍的错账更正方法主要适用于手工记账。在会计电算化条件下，划线更正法并不适用。但红字更正法（红字冲销法）和补充登记法依然是更正错账的主要方法。这两种错账更正方法是留有痕迹的错账更正法，可以为审计留下线索，所以它们如今依然受到业界的重视。

实操笔记

【多选题】发现以前年度的记账凭证有错误时，下列处理方法中，不正确的有（　）。

A. 应当用蓝字填制一张更正错账的记账凭证

B. 应当对以前年度的账簿资料重新登记

C. 将原记账凭证作废，重新填制正确的记账凭证

D. 不需要对其进行账务调整

答案：BCD

♻ 7.4 对账特殊形式：财产清查

临近年末，张女士作为一家公司的会计主管，感觉压力很大，因为公司最近频频发生财产流失的情况，为核实公司的财产状况，公司领导和她商量后，决定在年度核算前彻底清查公司的财产状况。

通过以上案例可见，财产清查是会计人员核实企业财产状况的一种有效方式。在本节，我们将一起了解财产清查的意义、财产清查的种类、财产清查的步骤、财产清查的方法，以及财产清查的结果处理。

7.4.1 财产清查的意义

在对账的过程中，财产清查是一个十分重要的环节，它是保证账账相符、账实相符的一种专门方法。财产清查通过对各项财产物资进行账面核对、实物盘点，对各项往来款项进行查询与核对，来核实企业财产是否完整，帮助企业加强物资管理，并为正确核算损益提供可靠的资料。

通常情况下，造成企业账实不符的原因主要包括：在进行账务处理时出现漏记、重记、错记或计算上的错误；在收发财产物资时，由于计量、检验不准确而产生品种、数量或质量上的差错；财产物资在保管过程中发生自然损耗；发生自然灾害或意外事故，导致财产物资毁损；企业管理不善、工作人员失职，以及不法分子的营私舞弊、贪污失职；等等。

在实际工作中，会计人员需要通过财产清查找出主、客观原因，分清责任，因此，合理运用财产清查对于企业而言十分重要。财产清查的意义可以归纳为以下四点：

第一，通过财产清查，企业可以查明各项财产物资、债权债务的实有数量，确定实有数量与账面数量之间的差异，并进一步查明原因和明确责任，以便采取有效措施消除差异，改进工作，从而保证账实相符，提高会计资料的准确性。

第二，通过财产清查，企业可以查明各项财产物资的库存和使用情况，合理安排生产经营活动，充分利用各项财产物资，加速资金周转，提高资金使用效率。

第三，通过财产清查，企业可以查明各种往来结算款项的结算是否正常，检查会计主体对企业财经纪律的遵守情况，及早发现长期拖欠的债务，避免坏账损失的发生；也可以查明财产物资的验收、调拨、报废、保管，现金出纳，账款结算等手续制度是否贯彻落实，以便督促相关人员自觉遵守相关纪律和制度，提高管理水平。

第四，通过财产清查，企业可以查明各项财产物资的保管情况，有无因管理不善造成霉烂、变质、毁损、浪费，或者被非法挪用、贪污、盗窃等情况，以便及时采取有效措施，改善管理，切实保障各项财产物资的安全和完整。

7.4.2 财产清查的种类

依据不同的标准，财产清查有不同的分类：以清查对象与范围为标准，财产清查可分为全面清查与局部清查；以清查时间为标准，财产清查可分为定期清查与不定期清查。下面我们将针对这两种分类展开详细讨论。

1. 以清查对象与范围为标准

（1）全面清查

全面清查，即对属于某企业或存放在某企业的全部财产物资进行清查。通常情况下，需要进行全面清查的情况主要包括：年终结算时，编制年度财务报表前；企业股份制改制前；企业撤销、合并或改变隶属关系前；开展全面的资产评估、清产核资前；中外合资、国内合资前；单位主要领导调离工作前；等等。

（2）局部清查

当企业需要对部分财产物资进行核对与盘点时，就要选择进行局部清查。一般情况下，局部清查的清查内容包括但不限于下面这些流动性较强的资产：

①现金——每日清点 1 次。

②银行存款——每月至少同银行核对 1 次。

③债权、债务——每年至少核对 1 ~ 2 次。

④贵重物品——每月清点 1 次。

⑤各项存货——有计划、有重点地进行抽查。

2. 以清查时间为标准

（1）定期清查

一般情况下，定期清查主要在期末的时候进行，它既可以是全面清查，也可以是局部清查。

（2）不定期清查

不定期清查一般是局部清查，其目的在于查明情况、分清责任。不定期清查主要包括：更换仓库保管员时，对其所保管的财产进行的清查；更换出纳时，对库存现金、银行存款进行的清查；发生自然灾害或意外时对受损财产进行的清查；等等。

7.4.3 财产清查的步骤

明确了财产清查对于企业经营的意义，了解了财产清查的种类，那么在实际操作中，财产清查的相关步骤到底是怎样的？

财产清查是一项复杂而又细致的工作，主要包括以下三个步骤。

1. 建立清查组

在进行财产清查前，企业应首先建立清查组。清查组主要负责财产清查的组织和管理：在正式开始清查工作前，要将清查工作合理安排给相关会计人员；在清查过程中，要对清查工作进行监督、检查和指导；在清查结束后，要向相关部门或主管提出处理意见与建议。

2. 准备工作

清查前的准备工作一般由清查组负责安排，主要包括：企业会计机构提供完整、正确的会计记录；财产管理部门将实物整理整齐、将各种手续办理齐全，并准备清查所需的登记表及相关衡量器具。

3. 进行清查

会计人员需要按照清查组的计划和要求对相关项目进行严格清查。在清查过程中，应注意以下四个方面的问题：

①在清查现金时，应有出纳人员在场，并登记现金盘点报告表；

②在清查财产物资时，应有财产物资的保管人员在场，并登记盘点表；

③在清查银行存款时，应将银行存款日记账与银行对账单进行核对，并记录未达账项登记表，必要时须到银行做相关查证；

④在清查债权债务时，可通过函证进行核实，并登记结算款项核对登记表。

7.4.4 财产清查的方法

在进行财产清查时，会计人员需要掌握必要的方法、技巧，确保清查工作的高效、准确。针对不同的清查对象，清查组需要用到不同的清查方法，下面我们将依据实物、货币资金、往来款项这三类清查对象来分类讨论财产清查的方法。

1. 实物的清查方法

实物清查是对各类材料、商品、半成品、在产品、产成品、包装物、低值易耗品等财产物资的清查。会计人员在进行实物清查时，既要核实数量，还要对质量进行鉴定。

进行实物清查时，要根据财产物资的特点，采用相应的清查方法。一般而言，实物的清查方法包括实地盘点法、抽样盘点法和技术推算法三种。

（1）实地盘点法

实地盘点法是指在财产物资存放现场逐一清点财产物资的数量，或用计量仪器确定实存数的方法。该方法便于查清财产物资的数量，所以其适用于对机器设备的清查等。

（2）抽样盘点法

对某些数量多、价值小、不便逐一清点数量的财产物资，会计人员通常会用抽样盘点法来盘点。抽样盘点法的具体操作步骤为：首先，从财产物资总体或总量中抽取一定比例的样品；然后确定样品的数量；最后，以样品数量为据计算财产物资总体数量。

抽样盘点法又可分为随机抽样法、分层抽样法和机械抽样法三种具体方法。

①随机抽样法。随机抽样法是指从样本全部总体单位中随机抽取部分单位进行盘点，以其结果推算总体有关指标的一种方法。

②分层抽样法。分层抽样法，又称类型抽样法，是指将总体中各单位按某一标准分成若干类，从各类中抽取若干清查单位，然后进行相关推算的方法。

③机械抽样法。机械抽样法，又称系统抽样法，是指将总体单位按一定的顺序排列，根据总体单位数和样本单位数算出抽取间隔，再按此间隔抽取样本单位，然后进行相关推算的方法。

（3）技术推算法

技术推算法是利用技术方法对财产物资的实存数进行推算的方法，故又称估推法。在采用这种方法时，会计人员不用对财产物资逐一清点计数，而是通过量方、计尺等方法推算财产物资的结存数量。因此，当需要清查的财产物资量大且价值不高，难以逐一清点时，会计人员可以采取技术推算法。这种方法适用于清查露天堆放的煤炭、油罐中的油等。

在上述方法进行清查工作的过程中，清查组必须先以各项实物目录规定的名称和规格为标准，查明各项实物的名称和规格，然后再进行数量的盘点和质量的检查。相关的实物保管人员必须在场并参加盘点工作，这有利于清查组进行相关查询和明确经济责任。

盘点结束后，会计人员应及时按照得到的财产物资的数量、质量情况如实填制盘存单，并由盘点人员和实物保管人员签字盖章。盘存单是记录实物盘点结果的书面文件，也是反映财产物资在盘点日期实有数的原始凭证。

为进一步查明账实是否相符，确定盘盈、盘亏情况，会计人员还应根据盘存单和有关账簿记录编制盘点盈亏报告单。盘点盈亏报告单是调整账簿记录的重要原始凭证，也是分析账实产生差异原因、明确经济责任的重要依据。

2. 货币资金的清查方法

货币资金的清查包括库存现金的清查和银行存款的清查，它们是企业中流动性最强的财产物资，是财产清查的重中之重。

（1）库存现金的清查方法

库存现金的清查也采用实地盘点法，即实地盘点库存现金的数量，然后与企业的库存现金日记账账面余额进行核对，检查账实是否相符。库存现金的清查应由清查组人员与出纳人员共同负责。库存现金的清查步骤如图 7-1 所示。

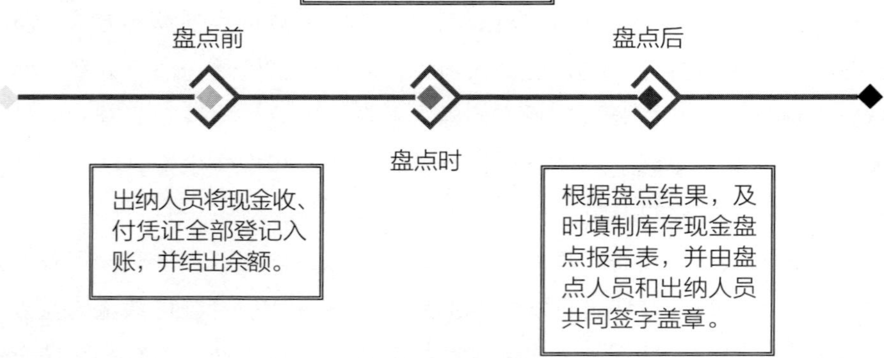

图 7-1 库存现金的清查步骤

另外，清查组人员在盘点时应注意有无以白条抵充现金、现金库存超过银行核定的限额、坐支现金等情况。

做账小课堂

在进行企业库存现金的清查时，清查组人员需要牢记，盘点后填制的库存现金盘点报告表既是盘存单，又是账存实存对比表；既是反映企业现金实存数、调整账簿记录的重要原始凭证，也是分析账实产生差异原因、明确经济责任的重要依据。

（2）银行存款的清查方法

银行存款的清查方法采用的是账目核对法。账目核对法是指将存款单位的银行存款日记账与开户银行定期送转的对账单进行逐笔核对，以查明银行存款收、付金额及余额是否相符的方法。

在实际清查工作中，存款单位与银行对账之前，应先检查自己银行存款日记账的正确性与完整性。通常情况下，即使双方记账均无错误，也会出现银行存款日记账的余额和银行对账单的余额不一样的现象，造成这种“双方账目不相符”现象的原因主要有两个：一个是双方账簿记录可能有差错，如错账、漏账等，这是不正常的情况，应及时核对并更正；另一个是双方之间存在未达账项，这是正常情况。一般来说，未达账项有以下四种情况：

①存款单位已付款入账，银行未付款入账；

②存款单位已收款入账，银行未收款入账；

③银行已付款入账，存款单位未付款入账；

④银行已收款入账，存款单位未收款入账。

企业可根据上述四种情况及时核对未达账项的成因，并编制银行存款余额调节表，对未达账项进行调节。值得注意的是，由于未达账项不是错账、漏账，因此会计人员无须根据银行存款余额调节表做任何账务处理，双方账面仍保持原有的余额，待收到有关凭证，即由未达账项变成已达账项之后，再同处理正常业务一样进行处理即可。

3. 往来款项的清查方法

往来款项的清查方法一般采用函证核对法。函证核对法，即向债权、债务的另一方请求核对的方法。通常情况下，应收账款、应收票据、应付账款等均采取函证核对法清查。

在清查往来款项之前，清查组应先与对方单位或个人取得联系，汇总相关对账单，然后再对往来款项进行清查。在清查的过程中，不仅要查明往来款项的余额，还要查明具体款项申报事由。对于清查中发现的坏账损失，以及无法支付的应付款项，均必须严格按照规定进行处理，不得擅自冲销账簿记录。

在函证核对法中，函证通常分为肯定式函证和否定式函证。肯定式函证是向债务人发出询证函，要求对方单位核对询证函上所列示信息，且无论询证函上所列示信息与对方单位的账目是否相符，对方单位都要复函。经核对，若双方账目相符，则对方单位应在回联单上加盖公章并寄回；若双方账目不相符，则对方单位应在回联单上注明情况，或另抄写对账单寄回，作为进一步核对的依据。否定式函证也是向债务人发出询证函，但询证函上所列示信息与对方单位的账目相符时，对方单位不必复函，只有不符时才复函。肯定式函证与否定式函证的优缺点及适用范围如表 7-3 所示。

表 7-3　肯定式函证与否定式函证的优缺点及适用范围

类型	优点	缺点	适用范围
肯定式函证	证据较为可靠	成本较高	个别账户欠款金额较大； 有理由相信欠款可能会存在争议、差错等问题
否定式函证	成本相对较低	因不可知因素的存在，所获取的证据不太可靠	相关的内部控制有效； 预计差错率较低； 存在很多欠款余额小的债务人； 有理由确信大多数被询证者能认真对待询证函，并能对不正确的情况予以反馈

在实际运用函证核对法清查往来款项的过程中，具体应采用哪种函证方式，需根据不同的情况做出最优选择。另外，函证方式的选择也并不单一，有时将两种方式相结合，利用其优缺点进行互补，效果会更好。例如，以往来款项的重要性为依据，对于小余额款项采用否定式函证，对于大余额款项则采用肯定式函证。

做账小课堂

在采用肯定式函证时，只有清查组收到回函时，才能为财务报表的认定提供证据。如果清查组没有收到回函，就无法证明双方账目是否相符。

在采用否定式函证时，未收到回函可能是因为被询证者已收到询证函，且核对无误，也可能是因为被询证者根本就没有收到询证函通。常情况下，清查组只有在收到回函时，才能为财务报表的认定提供强有力的证据。因此，清查组在采用否定式函证时，注册会计师通常还需辅之以其他清查程序。

7.4.5 财产清查的结果处理

会计工作重视结果，任何一项核算都不能出错，任何一笔钱款的来源和去向都要清楚明白。财产清查作为会计工作中的重要环节，要做到结果清晰、明确。对会计人员来说，得出财产清查的结果是远远不够的，还要对该结果进行账务处理。一般来说，财产清查的结果处理可以分为两个阶段。

1. 财产清查结果处理的两个阶段

如果财产清查中出现账实不符的情况，会计人员要分两个阶段进行账务处理。

（1）第一阶段：审批之前

财产清查中发现的盘盈和盘亏，都应该根据盘存单、账存实存对比表等经审核无误的资料编写会计分录，如实反映在账簿上，做到账实相符。与此同时，清查人员要根据企业的组织架构和自己的管理权限，将处理建议申报给董事长（经理）会议、股东大会或类似机构审批。

（2）第二阶段：审批之后

相关机构批准处理建议后，会计人员要根据上级的处理意见，对清查结果进行处理，如建立有关账簿、调整相关账项等。

2. 财产清查结果的处理方法

为了对财产清产结果进行账务处理，会计人员应首先设置好相关账户。

（1）财产清查结果处理的账户设置

“待处理财产损溢”是专门用于核算企业在财产清查中的财产物资盘盈、盘亏、毁损，以及相应处理情况的账户。它是一个双重性质账户，借方登记财产物资的盘亏、毁损金额，贷方登记财产物资的盘盈金额。当上级审批通过后，盘亏和毁损的金额从该账户的贷方转销，盘盈的金额从该账户的借方转销。

该账户的期末借方余额表示盘亏、毁损大于盘盈的金额，即“待处理财产物资净损失”；该账户的期末贷方余额表示盘盈大于盘亏、毁损的金额，即“待处理财产物资净溢余”。

需要注意的是，“待处理财产损溢”账户仅适用于库存现金清查和实物清查所发生的账实不符的账务处理。该账户可根据“待处理固定资产损溢”和“待处理流动资产损溢”两个明细账户进行明细核算。而银行存款和债权、债务清查结果的账务处理不通过该账户核算，对错账应进行错账更正，对确实无法收回或无法支付的款项应进行核销处理。

（2）财产清查结果的账务处理

如果在库存现金和实物的清查中出现了盘盈、盘亏，应通过“待处理财产损溢”账户进行核算。

①库存现金盘盈、盘亏的账务处理：

库存现金清查结果应根据实际情况进行账务处理。如果出现违反库存现金管理有关规定的情况，应及时予以纠正；如果出现账实不符的情况，应先将短款（结账时现金的数额小于账面的数额）和长款（结账时现金的数额大于账面的数额）记入“待处理财产损溢”账户，待查明原因后再做处理。具体的处理方法如下：

第一，发现记账差错要及时更正；

第二，无法查明原因的长款计入营业外收入；

第三，无法查明原因或由出纳人员失职造成的短款，应由出纳人员赔偿。

②存货盘盈、盘亏的账务处理：

在财产清查中，如果各种材料、库存商品等存货出现盘盈，而且盘盈发生的原因是收发计量或核算出现差错，则应及时调整存货入账流程，并通过“待处理财产损溢”账户调整存货的实存数，经上级审批通过后，再冲减管理费用。

如果财产清查中出现存货盘亏、毁损，应该先按成本转入“待处理财产损溢”账户，使账实相符，然后向上级申报。上级审批通过后，再根据盘亏和毁损的原因进行账务处理。具体处理方法如下：

第一，自然损耗产生的定额损耗，转为管理费用；

第二，收发计量差错和管理不善等原因造成的超定额损耗，先扣除残料价值和相关责任人的赔偿，再将净损失记入管理费用；

第三，灾害或意外事故造成的存货毁损，先扣除残料价值和可收回的保险赔偿，再将净损失转为营业外支出。

③固定资产盘盈、盘亏的账务处理：

在财产清查中，如果固定资产发生盘盈，一般按前期差错处理，通过“以前年度损益调整”账户核算，并按重置成本确定其入账价值；如果固定资产发生盘亏，应按盘亏固定资产的净值转入“待处理财产损溢”账户，并转出固定资产原值和累计折旧，经审批通过后，再将其损失数作为营业外支出处理。

对财产清查结果进行账务处理的最终目的只有四个字，即“账实相符”，会计人员在登记账簿和进行账项调整的时候，一定要牢记这“四字真言”。

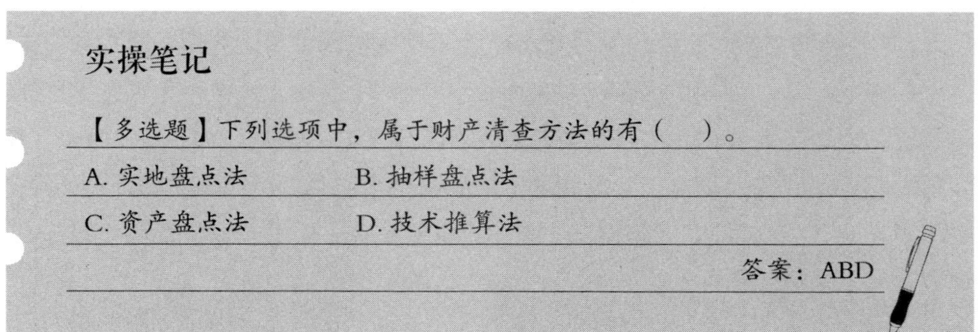
实操笔记

【多选题】下列选项中，属于财产清查方法的有（　）。

A. 实地盘点法　　B. 抽样盘点法

C. 资产盘点法　　D. 技术推算法

答案：ABD

7.5 认识结账

2018 年 12 月初，A 公司的会计小李因为身体原因请了 2 周假，12 月中旬，请假归来的小李，面对的是年终结账。年终结账时是会计人员一年中最繁忙的时候，A 公司是大公司，账目繁多，有许多工作要做。但是，为了解 2018 年 A 公司的财务状况和预算执行结果的总体情况，小李必须做好结账工作。

对于会计人员而言，结账工作是其必须要做的一项工作。下面我们就来具体了解一下结账工作。

7.5.1 什么是结账

结账，从字面含义来看，“结”有结算、结清、结束的意思，“账”有账目、账簿记录的意思，所以在生活中，它是指结算消费的产品和服务的费用。

在会计学中，结账是指为了根据某一会计期间内的经济活动的财务收支状况编制财务报表，而对各种账簿的本期发生额和期末余额进行的计算和总结。具体来说，结账就是将一定时期内所发生的经济业务，在全部登记入账的基础上，结算出本期发生额和期末余额的过程。

结账的目的是为了阶段性地总结会计核算工作，以便更好地提供一定会计期间（如月度、季度或年度）企业的经济活动情况或预算执行情况及其结果，进而编制财务报表。那么，结账有什么意义呢？结账的意义如表 7-4 所示。

表 7-4 结账的意义

层面	意义
回顾与检查	检查本期内日常发生的经济业务是否已全部登记入账，若发现漏账、错账，应及时补记、更正
确定本期财务数据	在实行权责发生制的企业，应按照权责发生制的要求，进行账项调整，以计算确定本期的成本、费用、收入和财务成果

续表

层面	意义
保证平账	将损益类科目转入“本年利润”科目，结平所有损益类科目
阶段性的总结	在本期全部经济业务登记入账的基础上，结算出所有账户的本期发生额和期末余额，并计算、登记各种账簿的本期发生额和期末余额

正确、及时地结账是会计工作的客观性和及时性原则的要求，也是保证会计信息质量的重要方法之一。

7.5.2 结账程序

根据《会计基础工作规范》的第六十三条，结账程序按照结账前、结账时和年度终了分为三个步骤。

1. 结账前

结账前，必须将本期内所发生的各项经济业务全部登记入账。结账前的准备工作如图 7-2 所示。

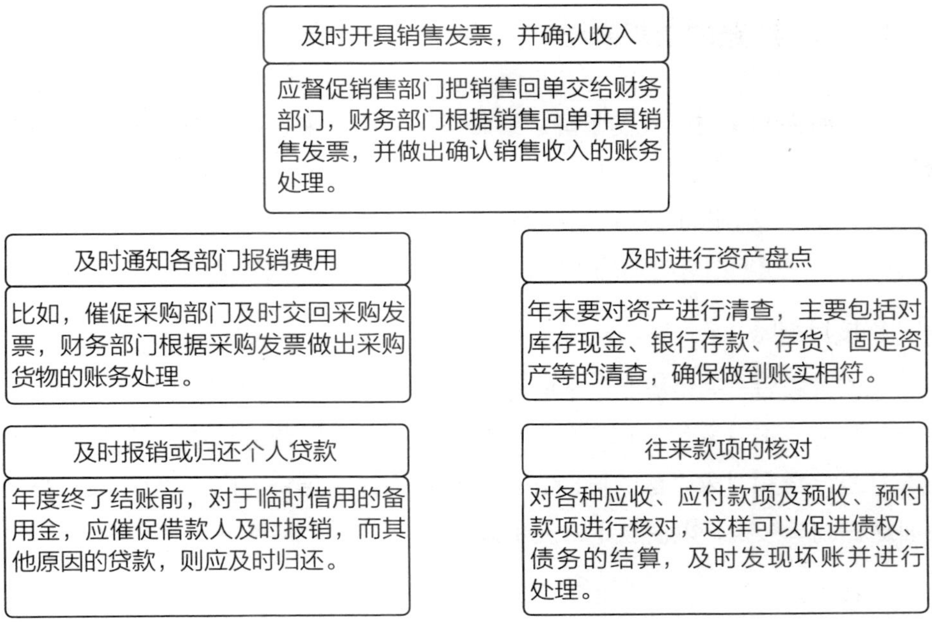

及时开具销售发票，并确认收入

应督促销售部门把销售回单交给财务部门，财务部门根据销售回单开具销售发票，并做出确认销售收入的账务处理。

及时通知各部门报销费用

比如，催促采购部门及时交回采购发票，财务部门根据采购发票做出采购货物的账务处理。

及时进行资产盘点

年末要对资产进行清查，主要包括对库存现金、银行存款、存货、固定资产等的清查，确保做到账实相符。

及时报销或归还个人贷款

年度终了结账前，对于临时借用的备用金，应催促借款人及时报销，而其他原因的贷款，则应及时归还。

往来款项的核对

对各种应收、应付款项及预收、预付款项进行核对，这样可以促进债权、债务的结算，及时发现坏账并进行处理。

图 7-2 结账前的准备工作

总的来说，结账前应提前发出通知，催促各部门及时报销、入账，并将各种账簿记录进行核对。

2. 结账时

结账时，需要结出所有账户的本期发生额和余额，编制本期发生额和余额对照表进行试算平衡。需要结出当月发生额的，应当在账簿的摘要栏内注明“本月合计”字样，并在下面通栏划单红线。需要结出本年累计发生额的，应当在摘要栏内注明“本年累计”字样，并在下面通栏划单红线；12 月末的“本年累计”就是全年累计发生额，全年累计发生额下面应通栏划双红线。年度终了结账时，所有账户都应当结出全年累积发生额和年末余额。

3. 年度终了

年度终了结账时，所有账户都应结出全年累计发生额和年末余额，划线结账，并将余额结转到下一会计年度，在摘要栏注明“结转下年”字样。在下一会计年度新建有关账簿的第一行余额栏内填写上年结转的余额，并在摘要栏注明“上年结转”字样。

7.5.3 结账的常规方法

通过前文的学习，我们了解了结账程序，接下来，我们来了解一下结账的常规方法。

按照规定，结账的方法包括：对库存现金日记账、银行存款日记账按日结账；对其他账户，根据结算时期的不同，可选择按月结账、按季度结账、按年结账。

1. 按月结账

在该月最后一笔经济业务下面通栏划单红线，在红线下的摘要栏内注明“本月合计”或“本月发生额和余额”字样，在借方栏、贷方栏或余额栏内分别填入本月合计数和月末余额，同时在借或贷栏内注明借贷方向。之后，在这一行下面通栏划单红线，以便与下月发生额划清。

2. 按季度结账

在每季度最后一个月的月结的下一行，在摘要栏内注明“本季合计”或“本季度发生额和余额”字样，同时结出借、贷方发生总额及季末余额。之后，在这一行下面通栏划单红线，表示季结。

3. 按年结账

在第四季度季结的下一行，在摘要栏注明“本年合计”或“本年发生额和余额”字样，同时结出借、贷方发生总额及年末余额。之后，在这一行下面通栏划双红线，以示封账。

在会计电算化条件下，结账可以利用计算机进行，这样更方便、快捷，但是其中很多工作是计算机和财务软件替代不了的，比如，如何做到账实相符，如何满足税务部门的要求等，这些工作的完成需要会计人员提升职业素养和重视结账工作。

实操笔记

【判断题】结账工作可以完全依赖计算机和财务软件进行。（ ）

答案：错

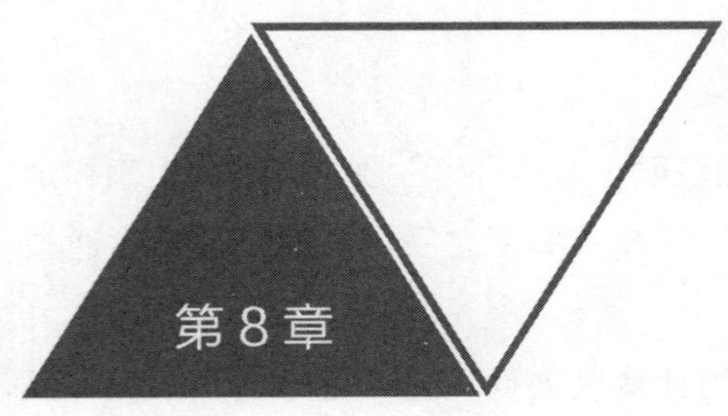

财务报表：做账的收官之战

一家企业的盈利能力、经营效率、偿债能力及发展前景是衡量企业经营状况的重要标准，这些都是能通过财务报表中的各项指标体现出来的，可见，财务报表是反映企业经营状况的“晴雨表”，也是对做账工作的分析、汇总和收官。

8.1 财务报表的概念与编制要求

财务报表被称作反映企业经营状况的“晴雨表”，它能清晰地反映出企业某一特定时期的资本结构和财务状况。会计人员只有真实地编制财务报表，才能使其发挥出反映企业盈利能力、偿债能力等的作用。

为了编制出合格的财务报表，我们首先需要了解什么是财务报表和财务报表的编制要求。

8.1.1 什么是财务报表

财务报表是反映企业或预算单位一定时期资金、利润状况的会计报表。我国的相关会计制度对财务报表的种类、格式、编报要求等有着统一的规定，要求企业定期编报。

一套完整的财务报表包括资产负债表、利润表、现金流量表、所有者权益变动表和财务报表附注。

1. 资产负债表

资产负债表是反映企业某一特定时期（如月末、季末、年末）的全部资产、负债、所有者权益状况的财务报表，它可以帮助我们了解企业的短期偿债能力、长期偿债能力和利润分配能力等。资产负债表包括资产、负债和所有者权益三类项目，这三类项目的关系体现在“资产＝负债＋所有者权益”这一会计恒等式中。

2. 利润表

利润表是反映企业一定会计期间经营成果的财务报表。

3. 现金流量表

现金流量表是反映企业某一特定时期现金及现金等价物流入和流出的财务报表，它可以帮助我们评价企业的支付能力、偿债能力和周转能力，进而为经营决策提供依据。

4. 所有者权益变动表

所有者权益变动表是反映企业某一特定时期所有者权益（或股东权益）的构成和增减变动情况的财务报表，它可以反映直接记入所有者权益的利得和损失。

5. 财务报表附注

财务报表附注是对资产负债表、利润表、现金流量表和所有者权益变动表的解释和补充说明，一般包括如下项目：企业的基本情况；财务报表的编制基础；遵循企业会计准则的声明；重要会计政策和会计估计[1]的说明；报表重要项目的说明；其他需要说明的重要事项；等等。

8.1.2 财务报表的编制要求

为了编制合格的财务报表，会计人员在编制报表时须严格遵守财务报表的编制要求，这样可以保证其编制的财务报表是科学、严谨且准确的。

1. 编制财务报表的原则要求

只有全面反映企业经营成果和财务状况的财务报表才能满足各方面对会计信息的需要，才是合格的财务报表，而想要编制出合格的财务报表首先需要遵守以下九个方面的原则要求。

（1）公允列报原则

财务报表的列报，不应以附注披露代替确认和计量，而应严格根据实际发生的交易事项，并按照《企业会计准则——基本准则》和其他各项会计准则的规定进行确认和计量，如实反映企业的交易与其他经济活动，从而真实而公允地反映企业的财务状况、经营成果及现金流量。

（2）持续经营原则

财务报表的编制应以持续经营为基础，但当以持续经营为基础编制的财

[1] 会计估计是指对结果不确定的交易或事项以可利用的信息为基础所做出的判断。合理地进行会计估计，不仅有助于企业为会计信息使用者编制出客观、公允的财务报表，也有助于企业管理者了解企业的真实情况，继而做出正确的经营决策。

务报表不再合理时，应当采用其他基础编制财务报表，并在附注中披露这一事实。

（3）项目列报的一致性原则

财务报表项目的列报应当在各个会计期间保持一致，不得随意变更，但下列情况除外：《企业会计准则》要求改变财务报表项目的列报；企业经营业务的性质发生重大变化后，变更财务报表项目的列报能够提供更可靠、更具相关性的会计信息。

（4）权责发生制原则

权责发生制，又称应收应付制，是以本期发生的费用和收入是否应计入本期损益为标准，处理有关经济业务的一种制度。除现金流量表外，其他财务报表都应按权责发生制编制。

（5）抵销原则

企业财务报表中的资产项目和负债项目的金额、收入项目和费用项目的金额不得相互抵销，但其他会计准则另有规定的除外。资产项目或负债项目按扣除备抵项目后的净额列示，非日常活动产生的损益以收入扣减费用后的净额列示，都不属于抵销。

（6）重要性原则

如果财务报表某项目的省略或错报会影响使用者据此做出经济决策，那么该项目具有重要性。项目的重要性应当根据企业所处环境，并从项目的性质和金额大小两方面予以判断。

性质或功能不同的项目，应当在财务报表中单独列报，但不具有重要性的项目除外；性质或功能类似的项目，其所属类别具有重要性的，应当按其类别在财务报表中单独列报。

（7）报告期间

企业应按年编制财务报表，但若年度财务报表涵盖的期间短于一年，企业应披露年度财务报表的实际涵盖期间，以及其短于一年的原因。

（8）信息列报的可比性原则

根据《企业会计准则第 30 号——财务报表列报》的相关规定，当期财务报表的列报，企业至少应当提供所有列报项目上一个可比会计期间的比较数据，以及与理解当期财务报表相关的说明，其他会计准则另有规定的除外。

当财务报表列报的项目发生变更时，应当至少对上期比较数据按照当期的列报要求进行调整，并在附注中披露调整的原因和性质，以及调整的各项目金额。如果对上期比较数据进行调整不是切实可行的，应当在附注中披露不能调整的原因。

(9) 财务报表表头列报要求

财务报表的显著位置（通常是表头）披露编报企业的名称、资产负债表日或财务报表涵盖的会计期间、货币名称和单位等。如果财务报表是合并财务报表，那么应当在表头也予以标明。

2. 编制财务报表的人员素质要求

在编制财务报表之前，会计人员应该明确常见的财务报表有哪些，里面的内容是什么，并且需要了解每个表格的会计等式或者方法等，这就要求他们在编制财务报表时应具备相对应的素质。

(1) 掌握专业知识

掌握相关的专业知识是会计人员编制财务报表的根本。比如，在编制财务报表时，为确定收入、费用所属会计期间，确定资产负债表项目的金额，运用适合于有关交易和项目的重大概念，会计人员必须具备相应的专业知识。

(2) 树立审核意识

会计人员需要树立审核意识，即掌握信息审核的方法，对财务报表信息进行审核，确认其是否准确。财务报表的编制过程大体可以分为两个环节，即财务信息搜集和财务信息录入。会计人员应将财务报表的信息进行分类，计算出每个分类中的财务数据总和，再计算报表中该分类信息的财务数据总和，如果两者结果不一致，就说明该分类中存在信息不准确的情况，随后逐项核查即可。

(3) 学习信息化技术

会计人员需要学习信息化技术，因为信息化技术能够给他们的工作带来极大便利。例如，学习如何使用大数据技术[1]对财务信息进行分析和分类，并构建财务报表框架，借助大数据技术处理庞大的财务信息，可以有效减轻会计人员的工作负担，降低编制难度，提高编制效率。

---

[1] 大数据技术，是指大数据的应用技术，涵盖各类大数据平台、大数据指数体系等。

（4）培养实践能力

会计人员应着手培养自身的实践管理能力，要了解会计岗位在职能上的变化，逐步掌握应用职能与管理权的方法。例如，在实际工作当中，为了保障财务报表准确，会计人员须在编制前针对每个部门设立财务信息表格，从而进行相应的管理，如果某部门未依照表格与时间的要求开展工作，财务部门有权向上级提交处罚该部门的申请。

实操笔记

【多选题】关于企业财务报表的编制要求，表述正确的有（ ）。

A. 企业应当以持续经营为基础，根据实际发生的交易或事项编制财务报表

B. 企业各个会计期间财务报表项目的列报应保持一致

C. 企业应在权责发生制和收付实现制中选择编制报表的基础

D. 财务报表应提供所有列报项目上一个可比会计期间的比较数据

答案：ACD

8.2 资产负债表的概念与编制

通过资产负债表，我们可以了解一家企业有多少钱，以及它在某一特定时期的财务状况。既然资产负债表如此重要，那么我们就十分有必要深入认识一下它。

8.2.1 什么是资产负债表

资产负债表是反映企业某一特定时期（如月末、季末、年末）的全部资产、负债、所有者权益状况的财务报表，由资产、负债、所有者权益三类项目构成。

1. 资产

资产项目占据了资产负债表50%的篇幅，按照流动资产和非流动资产分类列示。流动资产包括货币资金、交易性金融资产、应收票据、应收账款、预付款项、应收利息、应收股利等；非流动资产包括长期股权投资、固定资产、在建工程、固定资产清理、无形资产、开发支出、长期待摊费用、其他非流动资产等。

2. 负债

负债项目分布在资产负债表的右上方，按照流动负债和非流动负债分类列示。流动负债包括短期借款、应付票据、应付账款、预售款项、应付职工薪酬、应交税费、应付利息、应付股利等；非流动负债项目包括长期借款、应付债券、其他非流动负债等。

3. 所有者权益

所有者权益项目分布在资产负债表的右下方，可以反映企业最真实的资产状况，是企业偿还了各类负债之后剩下的净资产。

资产负债表的样式如表8-1所示。

表 8-1 资产负债表的样式

会企 01 表

编制单位： 年 月 日 单位：元

资产	期末余额	上年年末余额	负债和所有者权益（或股东权益）	期末余额	上年年末余额
流动资产：			**流动负债：**		
货币资金			短期借款		
交易性金融资产			交易性金融负债		
衍生金融资产			衍生金融负债		
应收票据			应付票据		
应收账款			应付账款		
应收款项融资			预收款项		
预付款项			合同负债		
其他应收款			应付职工薪酬		
存货			应交税费		
合同资产			其他应付款		
持有待售资产			持有待售负债		
一年内到期的非流动资产			一年内到期的非流动负债		
其他流动资产			其他流动负债		
流动资产合计			流动负债合计		
非流动资产：			**非流动负债：**		
债权投资			长期借款		
其他债权投资			应付债券		
长期应收款			其中：优先股		
长期股权投资			永续债		
其他权益工具投资			租赁负债		
其他非流动金融资产			长期应付款		
投资性房地产			预计负债		
固定资产			递延收益		
在建工程			递延所得税负债		
生产性生物资产			其他非流动负债		
油气资产			非流动负债合计		
使用权资产			负债合计		
无形资产			**所有者权益（或股东权益）：**		

续表

资产	期末余额	上年年末余额	负债和所有者权益（或股东权益）	期末余额	上年年末余额
开发支出			实收资本（或股本）		
商誉			其他权益工具		
长期待摊费用			其中：优先股		
递延所得税资产			永续债		
其他非流动资产			资本公积		
非流动资产合计			减：库存股		
			其他综合收益		
			专项储备		
			盈余公积		
			未分配利润		
			所有者权益（或股东权益）合计		
资产总计			负债和所有者权益（或股东权益）总计		

资产负债表展现了企业在某一会计期间内控制或拥有的资产、承担的义务和其所有者对净资产的要求权；同时，它也展现了企业资产、负债与所有者权益的关系，确切地反映了企业的营运状况。

做账小课堂

资产负债表是企业经营活动的静态体现，它根据“资产=负债+所有者权益”这一会计恒等式，依照一定的分类标准和一定的次序，将某一特定时期的资产项目、负债项目、所有者权益项目予以适当的排列编制而成。

8.2.2 资产负债表的编制

资产负债表一般由表头、正表两部分构成：表头填列报表名称、编制单位名称、编制日期、报表编号、货币名称等；正表是资产负债表的主体，须填列每一个项目下的数据。想要了解如何编制资产负债表需要从编制格式、编制内容和编制方法三个方面入手。

1. 资产负债表的编制格式

根据编制格式，资产负债表可分为两种：报告式资产负债表和账户式资产负债表。报告式资产负债表是上下结构，上半部分列示资产项目，下半部分列示负债项目和所有者权益项目。另外，报告式资产负债表中项目的具体排列形式有两种：一种是按“资产 = 负债 + 所有者权益”的原理排列；另一种是按“资产 − 负债 = 所有者权益”的原理排列。账户式资产负债表是左右结构，左半部分列示资产项目，右半部分列示负债项目和所有者权益项目。

企业应采用账户式结构的资产负债表。左半部分的资产项目按资产的流动性强弱排列：流动性强的资产，如货币资金、交易性金融资产等，排在前面；流动性弱的资产，如长期股权投资、固定资产等，排在后面。右半部分为负债项目和所有者权益项目，一般按要求清偿时间的先后顺序排列：短期借款、应付票据、应付账款等需要在一年以内或者长于一年的一个正常营业周期内偿还的流动负债排在前面；长期借款等在一年以上才需偿还的非流动负债排在中间；在企业清算之前不需要偿还的所有者权益项目排在后面。

2. 资产负债表的编制内容

资产负债表根据资产项目、负债项目、所有者权益项目之间的勾稽关系，按照一定的分类标准和顺序，把企业一定时期的资产、负债和所有者权益各项目予以适当排列，借此反映了企业资产、负债、所有者权益的总体规模和结构。

资产是由企业过去的交易或事项形成的、由企业在某一特定时期所拥有或控制的、预期会给企业带来经济利益的资源。资产应当按照流动资产和非流动资产两大类别在资产负债表中列示，在流动资产和非流动资产类别下再进一步按性质分项列示。

负债是由企业过去的交易或事项形成的、由企业在某一特定时期所承担的、预期会导致经济利益流出企业的现时义务。负债应当按照流动负债和非流动负债两大类别在资产负债表中列示，在流动负债和非流动负债类别下再进一步按性质分项列示。

所有者权益是企业资产扣除负债后的剩余权益，反映企业在某一特定时期所有者拥有的净资产的总额，它一般按照实收资本、其他权益工具、资本公积、库存股、其他综合收益、专项储备、盈余公积和未分配利润等分项列示。

3. 资产负债表的编制方法

在一张资产负债表中，除了有各个列示项目，还有“上年年末余额”栏和“期末余额”栏。“上年年末余额”栏的编制方法很简单，根据上一年度资产负债表中的“期末余额”栏内的数字填列即可。如果在本年度资产负债表中有项目的名称和数额与上一年度资产负债表中对应项目的名称和数额不一致，应先按本年度的规定，对上一年度的资产负债表进行调整，然后再在本年度的资产负债表中填入对应的名称和数字。资产负债表“期末余额”栏的编制方法相对复杂些，我们应该要特别注意。资产负债表“期末余额”栏的编制方法如图8-2所示。

表 8-2　资产负债表“期末余额”栏的编制方法

编制方法	具体解释
根据总账科目的余额直接填列	大部分项目的填列都要根据总账科目的余额直接填列。比如，“应收票据”项目要根据“应收票据”总账科目的期末余额直接填列；又如，“短期借款”项目要根据“短期借款”总账科目的期末余额直接填列
根据总账科目的余额计算填列	比如，“货币资金”项目要根据“库存现金”“银行存款”“其他货币资金”总账科目余额的合计数计算填列
根据明细账科目的余额计算填列	比如，“应收账款”项目要根据“应收账款”“预收账款”科目所属的相关明细账科目的期末借方余额扣除计提的减值准备后计算填列；又如“应付账款”项目要根据“应付账款”“预付账款”科目所属相关明细账科目的期末贷方余额合计数计算填列

续表

编制方法	具体解释
根据总账科目和明细账科目的余额分析计算填列	比如，“长期借款”项目要根据“长期借款”总账科目余额扣除“长期借款”科目所属的明细账科目中将在资产债表日起一年内到期、且企业不能自主地清偿义务展期的长期借款后的金额计算填列
根据有关科目余额减去其备抵科目余额后的净额填列	比如，“无形资产”项目要根据“无形资产”科目的期末余额，减去“无形资产减值准备”与“累计摊销”备抵科目余额后的净额填列

实操笔记

【多选题】关于资产负债表，表述错误的有（ ）。

A. 企业应采用账户式结构的资产负债表

B. 预收款项属于资产项目

C. 资产应当按照流动资产和非流动资产两大类别在资产负债表中列示

D. 资产负债表是一张动态报表

答案：BD

8.3 利润表的概念与编制

在上市公司的财务报表里，大多数投资者最关心的部分就是利润。如果上市公司利润高，那么公司股价会随之上涨，而且公司还会定期分红，所以，利润是投资者最根本的投资出发点。那么，企业的利润从哪里来？企业利润的产生是可持续的吗？事实上，一张利润表就能够解答投资者的这些疑问。本节就带大家一起揭开利润表的神秘面纱。

8.3.1 什么是利润表

利润表是反映企业一定会计期间经营成果的财务报表，其可以反映出企业经营业绩的主要来源及构成。

一张利润表由表头、内容、签章三部分构成。表头一般包括报表名称、编制单位名称、编制日期和货币单位等内容。所以，在拿到利润表以后，我们要先看表头，确认这张表是不是自己所需要的。内容是指利润表中所列示的各个项目，每个项目分别设有“上期金额”和“本期金额”两栏。签章是利润表和其他财务报表所必不可少的内容，有签章的财务报表才是以企业名义发出的、经由财务负责人签署的正式报表。

利润表的样式如表 8-3 所示。

表 8-3 利润表的样式

会企 02 表

编制单位： 年 月 单位：元

项目	本期金额	上期金额
一、营业收入		
减：营业成本		
税金及附加		
销售费用		

续表

项目	本期金额	上期金额
管理费用		
研发费用		
财务费用		
其中：利息费用		
利息收入		
加：其他收益		
投资收益（损失以“-”号填列）		
其中：对联营企业和合营企业的投资收益		
以摊余成本计量的金融资产终止确认收益		
净敞口套期收益（损失以“-”号填列）		
公允价值变动收益（损失以“-”号填列）		
信用减值损失（损失以“-”号填列）		
资产减值损失（损失以“-”号填列）		
资产处置收益（损失以“-”号填列）		
二、营业利润（亏损以“-”号填列）		
加：营业外收入		
减：营业外支出		
三、利润总额（亏损总额以“-”号填列）		
减：所得税费用		
四、净利润（净亏损以“-”号填列）		
（一）持续经营净利润（净亏损以“-”号填列）		
（二）终止经营净利润（净亏损以“-”号填列）		
五、其他综合收益的税后净额		
（一）不能重分类进损益的其他综合收益		
1．重新计量设定受益计划变动额		
2．权益法下不能转损益的其他综合收益		
3．其他权益工具投资公允价值变动		
4．企业自身信用风险公允价值变动		
……		
（二）将重分类进损益的其他综合收益		
1．权益法下可转损益的其他综合收益		
2．其他债权投资公允价值变动		

续表

项目	本期金额	上期金额
3．金融资产重分类计入其他综合收益的金额		
4．其他债权投资信用减值准备		
5．现金流量套期储备		
6．外币财务报表折算差额		
……		
六、综合收益总额		
七、每股收益		
（一）基本每股收益		
（二）稀释每股收益		

企业编制利润表的主要目的是将自身经营成果的信息提供给各种报表使用者，以供参考，而它所起到的具体作用主要包括以下四个方面：

1. 解释、评价和预测企业的经营成果和获利能力

利润表可以解释、评价和预测企业的经营成果和获利能力。其中，经营成果是指营业收入和其他收入抵扣成本、费用、税金等的差额所展示的信息，可以反映企业财富增长的规模；获利能力是指企业运用经济资源获取经营成果的能力。

2. 解释、评价和预测企业的偿债能力

利润表可以解释、评价和预测企业的偿债能力。偿债能力是指企业清偿债务的能力，它取决于企业的获利能力、资产流动性和资本结构。如果企业的获利能力长期不足，且资产流动性和资本结构比较差，那么企业的偿债能力必然会下降，甚至有可能陷入资不抵债的困境。

3. 提供改善经营决策的依据

企业管理者可以通过分析利润表中的各个项目来了解企业收入、费用和利润的变化趋势，发现其在经营管理中存在的问题，并以此为依据优化经营决策、改善管理方法，进而提高企业的投入产出比。

4. 提供考核企业管理者绩效的依据

利润表可以为企业管理者的绩效考核提供依据。企业管理者承担着把握企

业发展方向、制定企业经营策略的重大责任，他们的工作直接影响着企业的经营成果；反过来，企业的经营成果也能反映他们的工作绩效。利润表中的各项收入、费用、利润的增减变动及其变动的原因，能够客观地反映各部门的绩效和部门管理者的工作得失。当然，企业管理者也可以根据利润表反映出的问题，对工作及时做出调整，让企业的经营状况得到优化。

利润表是一张动态报表，可以揭示企业经营资金的动态表现。利润表是依据“利润＝收入－费用”这一公式，将收入项目、费用项目和利润项目依次排列，并将账簿记录的数据整理后编制的。

8.3.2 利润表的编制

利润表除了有各个列示项目，还有“上期金额”栏和“本期金额”栏，其中，“上期金额”栏的编制方法非常简单，只需要根据上年同期利润表的“本期金额”栏中的数字填列即可。如果本期利润表中的项目和上年同期利润表中的项目不一致，则应先按本期的规定，对上年同期的利润表进行调整，然后再将对应的数字对照填入本期利润表中的“上期金额”栏。“本期余额”栏的填列方法则要复杂些，它需要会计人员根据相应总账和明细账科目进行计算与填列。通过“利润＝收入－费用”这一公式，会计人员可以得出营业利润、利润总额、净利润、其他综合收益的税后净额、综合收益总额等利润表主要项目的计算方法。利润表主要项目的计算方法如表 8-4 所示。

表 8-4 利润表主要项目的计算方法

项目	计算方法
营业利润	营业利润＝营业收入－营业成本－税金及附加－销售费用－管理费用－研发费用－财务费用－利息费用－信用减值损失－资产减值损失＋利息收入＋其他收益＋以摊余成本计量的金融资产终止确认收益 ± 投资收益（损失）± 净敞口套期收益（损失）± 公允价值变动收益（损失）± 资产处置收益（损失）
利润总额	利润总额＝营业利润＋营业外收入－营业外支出
净利润	净利润＝利润总额－所得税费用
其他综合收益的税后净额	其他综合收益的税后净额＝未在损益中确认的各项利得－未在损益中确认的各项损失－所得税影响额
综合收益总额	综合收益总额＝净利润＋其他综合收益的税后净额

完成利润表主要项目的计算后，我们就要开始编制利润表了。通常情况下，会计人员需要根据损益类科目和所有者权益类有关科目的发生额来编制利润表。利润表“本期金额”栏的编制方法如表 8–5 所示，表中“–”表示“减”，“+”表示“加”，“×”表示“乘”，“/”表示“除”。

表 8–5 利润表“本期金额”栏的编制方法

项目	本期金额
一、营业收入	根据“主营业务收入”“其他业务收入”科目的累计发生额合并填列
减：营业成本	根据“主营业务成本”“其他业务成本”科目的累计发生额合并填列
税金及附加	根据“税金及附加”科目的发生额分析填列
销售费用	根据“销售费用”科目的发生额分析填列
管理费用	根据“管理费用”科目的发生额分析填列
研发费用	根据“管理费用”科目下的“研究费用”明细科目的发生额，以及“管理费用”科目下的“无形资产摊销”明细科目的发生额分析填列
财务费用	根据“财务费用”科目的发生额分析填列
其中：利息费用	根据“财务费用”科目的相关明细科目的发生额分析填列
利息收入	根据“财务费用”科目的相关明细科目的发生额分析填列
加：其他收益	根据“其他收益”科目的发生额分析填列
投资收益（损失以“–”号填列）	根据“投资收益”科目的发生额分析填列
其中：对联营企业和合营企业的投资收益	对“投资收益”科目的本期发生额进行分析，将其中对联营企业和合营企业的投资损益计算后据实填列
以摊余成本计量的金融资产终止确认收益；	根据“投资收益”科目的相关明细科目的发生额分析填列
净敞口套期收益（损失以“–”号填列）	根据“净敞口套期损益”科目的发生额分析填列
公允价值变动收益（损失以“–”号填列）	根据“公允价值变动损益”科目的发生额分析填列
信用减值损失（损失以“–”号填列）	根据“信用减值损失”科目的发生额分析填列

续表

项目	本期金额
资产减值损失（损失以“-”号填列）	资产减值损失 = 资产账面价值 - 资产可收回金额 资产账面价值 = 资产账面余额 - 已提坏账准备
资产处置收益（损失以“-”号填列）	根据“资产处置损益”科目的发生额分析填列
二、营业利润（亏损以“-”号填列）	
加：营业外收入	根据“营业外收入”科目的发生额分析填列
减：营业外支出	根据“营业外支出”科目的发生额分析填列
三、利润总额（亏损总额以“-”号填列）	
减：所得税费用	所得税费用 =（会计利润 + 纳税调增项目 - 纳税调减项目）× 适用税率
四、净利润（净亏损以“-”号填列）	
（一）持续经营净利润（净亏损以“-”号填列）	根据《企业会计准则第 42 号——持有待售的非流动资产、处置组和终止经营》的规定列报
（二）终止经营净利润（净亏损以“-”号填列）	
五、其他综合收益的税后净额	实行分类列报的方式，即按照前述其他综合收益的大类项下分子项目进行列示
（一）不能重分类进损益的其他综合收益	
1. 重新计量设定受益计划变动额	根据“其他综合收益”科目的相关明细科目的发生额分析填列
2. 权益法下不能转损益的其他综合收益	根据“其他综合收益”科目的相关明细科目的发生额分析填列
3. 其他权益工具投资公允价值变动	根据“其他综合收益”科目的相关明细科目的发生额分析填列
4. 企业自身信用风险公允价值变动	根据“其他综合收益”科目的相关明细科目的发生额分析填列
……	
（二）将重分类进损益的其他综合收益	

续表

项目	本期金额
1. 权益法下可转损益的其他综合收益	根据“其他综合收益”科目的相关明细科目的发生额分析填列
2. 其他债权投资公允价值变动	根据“其他综合收益”科目的相关明细科目的发生额分析填列
3. 金融资产重分类计入其他综合收益的金额	根据“其他综合收益”科目的相关明细科目的发生额分析填列
4. 其他债权投资信用减值准备	根据“其他综合收益”科目下的“信用减值准备”明细科目的发生额分析填列
5. 现金流量套期储备	根据“其他综合收益”科目下的“套期储备”明细科目的发生额分析填列
6. 外币财务报表折算差额	根据“其他综合收益” 科目的相关明细科目的发生额分析填列
……	
六、综合收益总额	
七、每股收益	每股收益＝利润 / 总股数
（一）基本每股收益	基本每股收益＝归属于普通股股东的当期净利润 / 发行在外普通股的加权平均数
（二）稀释每股收益	稀释每股收益＝(净利润＋假设转换时增加的净利润)/（发行在外普通股加权平均数＋假设转换所增加的普通股股数加权平均数）

实操笔记

【单选题】编制利润表所依据的公式是（　）。

A. 利润＝收入－费用

B. 资产＝负债＋所有者权益

C. 借方发生额＝贷方发生额

D. 期初余额＋本期借方发生额＝本期贷方发生额－期末余额

答案：A

♻ 8.4 现金流量表的概念与编制

2020 年年初由于受到新型冠状病毒肺炎疫情的影响，很多的餐饮店铺都不能正常营业，刘先生的餐厅就是其中一家。餐厅虽然不能正常营业，但是日常的水电费、员工工资、房租等各项开支依旧需要支付，没过多久，刘先生餐厅的现金流就断了，餐厅的运营陷入了困境。

刘先生的困境表明了现金流在企业经营中的重要性，现金流量表是企业现金流的“体检报告”，它可以反映出企业资产的好坏和企业现金流的健康状况。

8.4.1 什么是现金流量表

企业的管理者们都十分重视企业的现金流，因为充沛的现金流是企业健康、稳定发展的保证：一方面它可以让企业时刻把握投资的良机；另一方面它也可以降低企业陷入债务危机的风险。

现金流量表是企业某一特定时期现金及现金等价物流入和流出的财务报表，通过它，我们既可以知道一定时期内企业的经营活动、投资活动和筹资活动对其现金及现金等价物所产生的影响，也可以知道一定时期内企业现金的增减变动情况。

现金流量表是以现金为基础编制的，这里的“现金”是指企业的库存现金、可随时用于支付的银行存款及现金等价物。

库存现金是指企业所持有的、可以随时用于支付的现金，与会计核算中的“现金”科目所包含的内容一致。

银行存款是指企业存放在银行等金融机构的货币资金。会计核算中的“银行存款”科目包括可以随时用于支付的存款，以及提前通知银行等金融机构就能支取的定期存款，这部分资金属于现金流量表中的“现金”；“银行存款”科目还包括不能随时用于支付，也不能提前支取的存款，但是这部分资金不属于现金流量表中的“现金”。

现金等价物是指企业持有的期限短、流动性强、易于转换为已知金额现金、价值变动风险很低的投资。它通常是指购买的将在3个月内或更短时间内到期、可转换为现金的投资，比如，即将到期的应收票据、即将到期的交易性金融投资等。

1. 现金流量表的作用

库存现金、可随时用于支付的银行存款、现金等价物，是构成现金流量表的重要内容，我们可以通过分析它们来衡量企业的现金流是否健康。具体来说，现金流量表在企业财务管理中发挥着以下五个方面的作用。

（1）反映企业一定时期内现金流入和流出的情况

在现金流量表中，现金流量是按照流入和流出的项目分类显示的。因此，我们可以从现金流量表中看出企业在一定时期内现金流入和流出的情况，即现金从哪里来、到哪里去，这样的信息是资产负债表和利润表无法提供的。

（2）反映企业偿还债务和支付股利的能力

企业的投资者和管理者都非常关注企业偿还债务和支付股利的能力。除了现金流量表，其他财务报表并不能完全且真实地反映两者情况，造成这种现象的原因有很多，如会计核算中的权责发生制原则和配比原则[1]等。而现金流量表是以现金为基础编制的，可以真实地反映企业的现金流状况，我们可以根据现金流状况来分析企业偿还债务和支付股利的能力。

（3）反映企业未来获取现金及现金等价物的能力

通过现金流量表，我们可以了解企业未来获取现金及现金等价物的能力，并据此判断公司的收益质量，预测企业未来的发展前景。

（4）分析企业的投资、理财活动对其经营成果和财务状况的影响

现金流量表提供了企业一定时期现金流入和流出的动态财务信息，能够反映经营活动、投资活动和筹资活动让企业获得了多少现金、消耗多少现金，从中我们可以看出资产、负债、净资产变动的原因。因此，借助现金流量表，我们可以分析企业的投资、理财活动对其经营成果和财务状况的影响。

[1] 配比原则是指某一个会计期间的收入与费用应当按照它们之间的内在联系相互配合，借以计算、确定该期损益的会计原则。

（5）能够提供不涉及现金的投资和筹资活动的信息

现金流量表除了能反映与现金有关的投资和筹资活动，还能通过补充资料提供不涉及现金的投资和筹资活动的信息，可以让我们更全面地了解和分析企业的投资和筹资活动。

2. 现金流量表的构成

现金流量表一般由主表和补充资料两部分构成，现金流量表主表的样式如表 8-6 所示。

表 8-6　现金流量表主表的样式

会企 03 表

编制单位：　　　　年　月　　　　单位：元

项目	本期金额	上期金额
一、经营活动产生的现金流量：		
销售商品、提供劳务收到的现金		
收到的税费返还		
收到其他与经营活动有关的现金		
经营活动现金流入小计		
购买商品、接受劳务支付的现金		
支付给职工以及为职工支付的现金		
支付的各项税费		
支付其他与经营活动有关的现金		
经营活动现金流出小计		
经营活动产生的现金流量净额		
二、投资活动产生的现金流量：		
收回投资收到的现金		
取得投资收益收到的现金		
处置固定资产、无形资产和其他长期资产收回的现金净额		
处置子公司及其他营业单位收到的现金净额		
收到其他与投资活动有关的现金		
投资活动现金流入小计		
购建固定资产、无形资产和其他长期资产支付的现金		
投资支付的现金		
取得子公司及其他营业单位支付的现金净额		

续表

项目	本期金额	上期金额
支付其他与投资活动有关的现金		
投资活动现金流出小计		
投资活动产生的现金流量净额		
三、筹资活动产生的现金流量：		
吸收投资收到的现金		
取得借款收到的现金		
收到其他与筹资活动有关的现金		
筹资活动现金流入小计		
偿还债务支付的现金		
分配股利、利润或偿付利息支付的现金		
支付其他与筹资活动有关的现金		
筹资活动现金流出小计		
筹资活动产生的现金流量净额		
四、汇率变动对现金及现金等价物的影响		
五、现金及现金等价物净增加额		
加：期初现金及现金等价物余额		
六、期末现金及现金等价物余额		

（1）主表

现金流量表主表由表头和主体两部分构成，其中，表头部分一般包括报表名称、编制单位、编制日期、货币单位等，主体部分则分别反映了不同类别的现金流量。

（2）补充资料

除了现金流量表主表所反映的信息，企业还应该在现金流量表的补充资料中反映将净利润调节为经营活动现金流量、不涉及现金收支的投资和筹资活动、现金及现金等价物净增加情况。

①将净利润调节为经营活动现金流量

在将净利润调节为经营活动现金流量时，需要对实际没有支付现金的费用、实际没有收到现金的收益、不属于经营活动的损益，以及经营性应收和应付项目的增减变动四大类项目进行调整。

②不涉及现金收支的投资和筹资活动

这项信息可以反映企业一定时期内影响资产或负债，但不形成该期现金收支的所有投资和筹资活动的信息。这些投资和筹资活动虽然不涉及现金收支，但对以后各期的现金流量有重大影响，因此，企业应该在当期现金流量表的补充资料中披露不涉及当期现金收支，但影响企业财务状况或企业未来现金流量的投资和筹资活动。这些投资和筹资活动主要包括债务转为资本、一年内到期的可转换公司债券、融资租入固定资产等。

③现金及现金等价物净增加情况

企业应在现金流量表补充资料中反映现金及现金等价物的净增加情况，其中主要包括：现金及现金等价物构成与其在资产负债表中的相应金额；企业持有但不能由母公司或集团内其他子公司使用的大额现金及现金等价物金额。

8.4.2 现金流量表的编制

通过上文内容可知，现金流量表一般由主表和补充资料两部分构成，下面我们就来详细了解一下这两部分的具体编制方法。

1. 现金流量表主表的编制方法

现金流量表主表中的各项目需要填列“上期金额”栏和“本期金额”栏，其中，“上期金额”栏按上期现金流量表的“本期金额”栏中的数字填列。现金流量表主表“本期金额”栏的编制方法如表 8-7 所示，表中“-”表示“减”，“+”表示“加”，“×”表示乘，“/”表示“除”。

表 8-7 现金流量表主表“本期金额”栏的编制方法

项目	编制方法
一、经营活动产生的现金流量：	
销售商品、提供劳务收到的现金	根据“主营业务收入”“其他业务收入”“应收账款”“应收票据”“预收账款”“库存现金”“银行存款”等账户的记录分析填列，其计算公式为：销售商品、提供劳务收到的现金 = 本期营业收入净额 + 本期应收账款减少额（− 本期应收账款增加额）+ 本期应收票据减少额（− 本期应收票据增加额）+ 本期预收账款增加额（− 本期预收账款减少额） （如果本期有实际核销的坏账损失，也应减去）

续表

项目	编制方法
收到的税费返还	根据“库存现金”“银行存款”“应交税费”“营业税金及附加”等账户的记录分析填列
收到其他与经营活动有关的现金	根据“营业外收入”“营业外支出”“库存现金”“银行存款”“其他应收款”等账户的记录分析填列
经营活动现金流入小计	
购买商品、接受劳务支付的现金	根据“应付账款”“应付票据”“预付账款”“库存现金”“银行存款”“主营业务成本”“其他业务成本”“存货”等账户的记录分析填列，其计算公式为：购买商品、接受劳务支付的现金=营业成本+本期存货增加额（-本期存货减少额）+本期应付账款减少额（-本期应付账款增加额）+本期应付票据减少额（-本期应付票据增加额）+本期预付账款增加额（-本期预付账款减少额）
支付给职工以及为职工支付的现金	根据“库存现金”“银行存款”“应付职工薪酬”“生产成本”等账户的记录分析填列
支付的各项税费	根据“应交税费”“库存现金”“银行存款”等账户的记录分析填列
支付其他与经营活动有关的现金	根据“管理费用”“销售费用”“营业外支出”等账户的记录分析填列
经营活动现金流出小计	
经营活动产生的现金流量净额	经营活动产生的现金流量净额=经营活动现金流入小计-经营活动现金流出小计
二、投资活动产生的现金流量：	
收回投资收到的现金	根据“交易性金融资产”“长期股权投资”“库存现金”“银行存款”等账户的记录分析填列
取得投资收益收到的现金	根据“投资收益”“库存现金”“银行存款”等账户的记录分析填列
处置固定资产、无形资产和其他长期资产收回的现金净额	根据“固定资产清理”“库存现金”“银行存款”等账户的记录分析填列。如果该项目所收回的现金净额为负数，那么应在“支付其他与投资活动有关的现金”项目填列
处置子公司及其他营业单位收到的现金净额	在丧失对子公司及其他营业单位控制权（因而不再将其纳入合并报表范围）的当期，所收到的处置现金对价减去该子公司及其他营业单位在处置日所持有的现金及现金等价物和相关处置费用之后的净额

续表

项目	编制方法
收到其他与投资活动有关的现金	根据“库存现金”“银行存款”和其他有关账户的记录分析填列
投资活动现金流入小计	
购建固定资产、无形资产和其他长期资产支付的现金	根据“固定资产”“无形资产”“在建工程”“库存现金”“银行存款”等账户的记录分析填列
投资支付的现金	根据“交易性金融资产”“长期股权投资”“持有至到期投资”“库存现金”“银行存款”等账户的记录分析填列
取得子公司及其他营业单位支付的现金净额	在合并报表中，本项目应当列报为“支付其他与筹资活动有关的现金”项目，不能列报为“取得子公司及其他营业单位支付的现金净额”项目 在个别报表中，同一控制下控股合并中合并方支付的现金对价，应当列报为“投资所支付的现金”项目；同一控制下吸收合并或业务合并的合并方支付的现金对价减去被合并方于合并日持有的现金及现金等价物余额后的差额，应当列报为“取得子公司或其他营业单位支付的现金净额”项目
支付其他与投资活动有关的现金	根据“库存现金”“银行存款”“应收股利”“应收利息”等账户的记录分析填列
投资活动现金流出小计	
投资活动产生的现金流量净额	投资活动产生的现金流量净额＝投资活动现金流入小计－投资活动现金流出小计
三、筹资活动产生的现金流量：	
吸收投资收到的现金	根据“实收资本（或股本）”“应付债券”“库存现金”“银行存款”等账户的记录分析填列
取得借款收到的现金	根据“短期借款”“长期借款”“银行存款”等账户的记录分析填列
收到其他与筹资活动有关的现金	根据“库存现金”“银行存款”和其他有关账户的记录分析填列
筹资活动现金流入小计	
偿还债务支付的现金	根据“短期借款”“长期借款”“应付债券”“库存现金”“银行存款”等账户的记录分析填列
分配股利、利润或偿付利息支付的现金	根据“应付股利（或应付利润）”“财务费用”“长期借款”“应付债券”“库存现金”“银行存款”等账户的记录分析填列

续表

项目	编制方法
支付其他与筹资活动有关的现金	根据“库存现金”“银行存款”和其他有关账户的记录分析填列
筹资活动现金流出小计	
筹资活动产生的现金流量净额	筹资活动产生的现金流量净额 = 筹资活动现金流入小计 − 筹资活动现金流出小计
四、汇率变动对现金及现金等价物的影响	企业的外币现金流量发生日所采用的汇率与期末汇率的差额对现金的影响数额
五、现金及现金等价物净增加额	现金及现金等价物净增加额 = 经营活动产生的现金流量净额 + 投资活动产生的现金流量净额 + 筹资活动产生的现金流量净额 + 汇率变动对现金的影响
加：期初现金及现金等价物余额	
六、期末现金及现金等价物余额	期末现金及现金等价物余额 = 现金等价物净增加额 + 期初现金及现金等价物金额

2. 现金流量表补充资料的编制方法和披露原则

前文已介绍现金流量表的补充资料应反映将净利润调节为经营活动现金流量、不涉及现金收支的投资和筹资活动、现金及现金等价物净增加情况，它也有着适合自身的编制方法。现金流量表补充资料的编制方法和披露原则如表 8-8 所示，表中“−”表示“减”，“+”表示“加”，“×”表示乘，“/”表示“除”。

表 8-8 现金流量表补充资料的编制方法和披露原则

项目	编制方法和披露原则
一、将净利润调节为经营活动现金流量	
净利润	根据利润表净利润数填列
加：资产减值准备	计提的资产减值准备 = 本期计提的各项资产减值准备发生额累计数 （直接核销的坏账损失不计入）
固定资产折旧、油气资产折耗、生产性生物资产折旧	固定资产折旧 = 制造费用中折的旧数 + 管理费用中的折旧数 = 累计折旧期末数 − 累计折旧期初数 （未考虑因固定资产对外投资而减少的折旧）

续表

项目	编制方法和披露原则
无形资产摊销	无形资产摊销 = 无形资产（期初数 − 期末数）= 无形资产贷方发生额累计数 （未考虑因无形资产对外投资减少）
长期待摊费用摊销	长期待摊费用摊销 = 长期待摊费用（期初数 − 期末数）= 长期待摊费用贷方发生额累计数
处置固定资产、无形资产和其他长期资产的损失（收益以“−”填列）	根据固定资产清理及营业外支出（或收入）明细账分析填列
固定资产报废损失（收益以“−”填列）	根据固定资产清理及营业外支出明细账分析填列
公允价值变动损失（收益以“−”填列）	公允价值变动损失使净利润减少，但这部分损失并没有影响经营活动现金流量，所以应在调整时加回
财务费用（收益以“−”填列）	财务费用 = 利息支出 − 应收票据的贴现利息
投资损失（收益以“−”填列）	投资损失（减：收益）= 投资收益（借方余额正号填列，贷方余额负号填列）
递延所得税资产减少（增加以“−”填列）	根据“递延所得税资产”项目的期初、期末余额分析填列
递延所得税负债增加（减少以“−”填列）	
存货减少（增加以“−”填列）	存货的减少（减：增加）= 存货（期初数 − 期末数） （未考虑存货对外投资的减少）
经营性应收项目减少（增加以“−”填列）	经营性应收项目的减少（减：增加）= 应收账款（期初数 − 期末数）+ 应收票据（期初数 − 期末数）+ 预付账款（期初数 − 期末数）+ 其他应收款（期初数 − 期末数）+ 待摊费用（期初数 − 期末数）− 坏账准备期末余额
经营性应付项目增加（减少以“−”填列）	经营性应付项目的增加（减：减少）= 应付账款（期末数 − 期初数）+ 预收账款（期末数 − 期初数）+ 应付票据（期末数 − 期初数）+ 应付工资（期末数 − 期初数）+ 应付福利费（期末数 − 期初数）+ 应交税金（期末数 − 期初数）− 其他应交款（期末数 − 期初数）
其他	
经营活动产生的现金流量净额	
二、不涉及现金收支的投资和筹资活动	

续表

项目	编制方法和披露原则
债务转资本	按要求披露
一年内到期的可转换公司债券	
融资租入固定资产	
三、现金及现金等价物净增加情况	
现金的期末余额	现金的期末余额 = 资产负债表中“货币资金”项目的期末余额
减：现金的期初余额	现金的期初余额 = 资产负债表中“货币资金”项目的期初余额
加：现金等价物的期末余额	一般企业很少有现金等价物，若有，则相应填列和计算
减：现金等价物的期初余额	
现金及现金等价物净增加额	现金及现金等价物的净增加额 = 现金的期末余额 - 现金的期初余额

实操笔记

【单选题】企业的活动会产生三种现金流量，其中不包括（　）。

A. 经营活动产生的现金流量　　B. 筹资活动产生的现金流量

C. 投资活动产生的现金流量　　D. 活动启动现金净流量

答案：D

♻ 8.5 所有者权益变动表的概念与编制

王总是 A 公司的管理者和最大股东，最近他对 A 公司所有者权益的变动格外关心，这是因为 A 公司需要在原有的基础上增加股东的人数。如果 A 公司股东人数增加，就意味着公司的所有者权益会发生变动，也就意味着王总在公司里的话语权可能会受到影响。购买 A 公司股票的股民小李也非常关心 A 公司的所有者权益变动情况，因为所有者权益的变动可能会直接影响 A 公司的股票价格，进而影响到股民小李。

事实上，一张所有者权益变动表就能够帮助到王总和小李。那么，什么是所有者权益变动表？如何编制一张所有者权益变动表？相信学完本节内容，你将获得想要的答案。

8.5.1 什么是所有者权益变动表

所有者权益变动表是反映企业某一特定时期所有者权益（或股东权益）的构成和增减变动情况的财务报表。

通常情况下，所有者权益变动表应反映所有者权益总量的增减变动、所有者权益增减变动的重要结构性信息、直接计入所有者权益的利得和损失。只有完整包含上述这些信息的所有者权益变动表才能完整、准确地展现企业所有者权益变动情况，让报表使用者理解所有者权益变动的根源。

2007 年 1 月 1 日，新的《企业会计准则》开始实施，财务报表的主表由三张变为四张，多了一张所有者权益变动表。为什么新的《企业会计准则》要增加一张所有者权益变动表？原因有两点：一是我国经济的发展使我们的会计环境发生了巨大变化，财务报表需要呈现更多、更详细的会计信息，二是我国会计准则需要与国际会计准则接轨。

做账
小课堂

在2007年之前，企业的所有者权益变动情况是以资产负债表附表形式予以体现的；而新的《企业会计准则》要求上市公司于2007年正式对外呈报所有者权益变动表，所有者权益变动表由此成了与资产负债表、利润表、现金流量表并列披露的第四张财务报表。

所有者权益变动表地位的变化反映了会计理论、会计程序与不断变化的经济大环境的碰撞和摩擦，也充分说明了《企业会计准则》会随着时代的变化而不断发展。未来财务报表或许还会发生新的变化，所有的会计人员都应该学会适应和迎接这些变化。

那么，所有者权益变动表的重要地位究竟体现在哪些方面呢?

1. 所有者权益变动表满足了新型金融工具核算的需要

从20世纪90年代开始，保险衍生品等金融工具开始快速发展，并为企业带来了巨大的机遇；但是企业在对新型金融工具进行会计处理时，却遇到了难题。受历史成本原则[1]、收入实现原则[2]、谨慎性原则[3]的限制，一些企业金融资产的公允价值变动等已确认未实现的利得和损失无法在利润表中列示，只能在资产负债表的“所有者权益”项目中确认，于是，为了满足新型金融工具核算的需求，第四张财务报表主表，即所有者权益变动表，出现了。它容纳了衍生金融工具公允价值变动，也使财务报表体系中各要素之间能够继续保持紧密的联系。

2. 所有者权益变动表体现了我国在报告全面收益方面取得实质性的进步

除反映所有者权益的增减变动之外，所有者权益变动表的另一个重要功能

---

[1] 历史成本原则，又称原始成本原则或实际成本原则，是指对会计要素的记录，应以经济业务发生时的取得成本为标准进行计量计价。按照会计要素的这一计量要求，资产的取得、耗费和转换都应按照取得资产时的实际支出进行计量计价和记录；负债的取得和偿还都按取得负债的实际支出进行计量计价和记录。

[2] 收入实现原则以商品被销售、劳务被履行作为收入实现的标志。

[3] 谨慎性原则是指合理核算可能发生的损失和费用，不得多计资产或收益、少计负债或费用。当某些经济业务有几种不同会计处理方法和程序可供选择时，在不影响合理选择的前提下，应当尽可能选择对所有者权益影响最小的方法和程序进行会计处理，合理核算可能发生的损失和费用，即“宁可预计可能的损失，不可预计可能的收益”。

是报告全面收益。所谓全面收益，就是以资产负债观[1]为基础，突破传统的收益费用观[2]，将未确认的利得和损失纳入收益报告的范围。所有者权益变动表的出现，标志着我国向报告全面收益迈出了一大步。

所有者权益变动表是财务报表的主表之一，它的重要性不言而喻，会计人员和企业管理者都必须重视它。

8.5.2 所有者权益变动表的编制

和其他财务报表不同，所有者权益变动表并不能反映企业完整的财务状况，只能反映企业的所有者权益变更内容，因此想要编制一张合格的所有者权益变动表还是比较简单的，只需要重点掌握表中的逻辑关系即可。

做账小课堂

所有者权益变动表中的逻辑关系公式：

本年年末余额＝本年年初余额＋本年增减变动金额

本年年初余额＝上年年末余额＋会计政策变更＋前期差错更正

本年增减变动金额＝净利润＋直接计入所有者权益的利得和损失＋所有者投入和减少资本＋利润分配＋所有者权益内部结转

当理解了所有者权益变动表中的逻辑关系后，接下来就需要进行所有者权益变动表的编制。

所有者权益变动表的各个项目均需要填列“上年金额”和“本年金额”两栏，其中，“上年金额”栏根据上年度所有者权益变动表中“本年金额”栏内的数字填列。如果上年度所有者权益变动表中的项目与本年度所有者权益变动表中的项目存在不一致的地方，则应按照本年度的规定对上年度的所有者权益

---

[1] 资产负债观是指直接从资产和负债的角度来确认与计量企业的收益，它认为收益是企业期初净资产和期末净资产相比较的结果。该方法强调经济交易的实质，要求在交易发生时弄清该交易或事项产生的相关资产和负债或者其对相关资产和负债造成的影响，然后根据资产和负债的变化来确认收益。

[2] 收入费用观是指直接从收入和费用的角度来确认与计量企业收益，认为收益是收入与费用相配比的结果。

变动表进行调整，之后再对照填列。“本年金额”栏内的各项数字，应根据“实收资本（或股本）”“其他权益工具”“资本公积”“库存股”“其他综合收益”“专项储备”“盈余公积”“未分配利润”等科目的发生额填列。下面为大家列举所有者权益变动表四个主要项目的填列方法。

1. 综合收益总额

该项目应填列的数字是净利润与其他综合收益扣除所得税影响后的净额相加后的合计金额。

2. 所有者投入和减少资本

该项目反映企业当年所有者投入和减少的资本，其中“所有者投入的普通股”“其他权益工具持有者投入资本”项目应根据“实收资本”“资本公积”等科目的发生额分析填列，“股份支付计入所有者权益的金额”项目应根据“资本公积”科目所属的“其他资本公积”二级科目的发生额分析填列。

3. 利润分配

该项目反映当年按照规定提取的盈余公积金额和对所有者（或股东）分配的利润（或股利）金额，并对应填列在“盈余公积”和“未分配利润”栏。其中，“提取盈余公积”项目反映企业按照规定提取的盈余公积金额；“对所有者（或股东）的分配”项目反映对所有者（或股东）分配的利润（或股利）金额。

4. 所有者权益内部结转

所有者权益内部结转是指不影响所有者权益总额的所有者权益各组成部分当年的增减变动。它包括资本公积转增资本（或股本）、盈余公积转增资本（或股本）、盈余公积弥补亏损、设定收益计划变动额结转留存收益、其他综合收益结转留存收益等，按相关科目的发生额填列即可。

所有者权益变动表的编制方法比较简单，其关键是掌握表中的逻辑关系。

实操笔记

【写一写】所有者权益变动表中的逻辑关系有哪些？请在下面写出相应的公式。

♻ 8.6 财务报表附注的披露内容与披露要求

一般情况下，一家企业总会有一些财务信息是无法反映在财务报表的四大主表中的，因此需要财务报表附注来补充和完善这部分信息。

如果我们想要全面了解企业的财务状况和经营成果，就应该重视财务报表附注。财务报表附注和四大主表具有同等的重要性。那么，财务报表附注应该披露哪些内容、遵循哪些披露要求来补充和完善企业的财务信息呢?

8.6.1 财务报表附注的披露内容

财务报表附注的披露内容主要包括：企业的基本情况；财务报表的编制基础；遵守企业会计准则的声明；重要会计政策和会计估计；报表重要项目的说明；其他需要说明的重要事项；等等。

1. 企业的基本情况

企业的基本情况主要包括以下三项内容：

（1）企业的注册时间、注册地址、组织形式和总部地址

企业的注册信息是企业财务报表附注必须披露的内容。比如，在与某公司合作之前，王先生希望了解该公司的注册信息，而这些信息无法从财务报表的主表中得知，一般可从财务报表附注中获得。

（2）企业的业务性质和主要经营活动

这项内容的披露对企业来说很重要，因为它直接体现了企业的实力和其在行业中的地位。

（3）母公司及集团最终母公司的名称

如果企业有母公司，那么，需在财务报表附注中披露这项内容。

2. 财务报表的编制基础

财务报表的编制基础分为两种：一种是持续经营；另一种是非持续经营。

企业一般都在持续经营基础上编制财务报表；而当企业破产、清算时，则在非持续经营基础上编制。

3. 遵循企业会计准则的声明

遵循企业会计准则声明的作用是，表明企业编制的财务报表符合《企业会计准则》的要求，真实、完整地反映了企业的财务状况、经营成果等有关信息。该声明可以明确企业编制财务报表所依据的制度。如果企业编制的财务报表只是部分地遵循了企业会计准则，则在财务报表附注中不得做出这种表述。

4. 重要会计政策和会计估计的说明

《企业会计准则第 30 号——财务报表列报》规定，财务报表附注应披露重要会计政策的说明（包括财务报表项目的计量基础、会计政策的确定依据等）和重要会计估计的说明（包括下一会计期间内很可能导致资产、负债账面价值重大调整的会计估计的确定依据等）。

（1）重要会计政策的说明

由于不同的会计科目可以选择不同的会计政策进行核算，导致报表使用者在没有财务报表附注的情况下无法得到准确的财务信息。比如，当企业与外商进行外币交易时，可以采用交易发生日的即时汇率折算为记账本位币金额，也可以采用按照系统合理的方法确定的、与交易发生日即期汇率近似的汇率折算，但不管采用何种汇率，企业都应当在财务报表附注中予以说明，否则不利于报表使用者准确获取财务信息。由上述内容可知，为了保证报表使用者能更好理解财务报表，企业应在财务报表附注中对重要会计政策进行披露。

此处的会计政策主要包括：企业执行的会计制度、会计期间、合并报表的编制方法、记账原则和计价基础、坏账核算方法、固定资产核算和折旧的计提方法等。

（2）重要会计估计的说明

由于经济业务活动中存在不确定性因素，在进行会计核算时，需要根据经验做出估计。比如，企业按备抵法计提坏账准备时，需要根据债务单位的财务状况，运用以往经验，对坏账准备金额做出估计；再如，确定固定资产折旧年限和净残值，需要根据固定资产消耗方式、性能、技术发展等情况进行估计。这些不确定性因素在下一会计期间很可能导致资产、负债账面价值的重大调整，所以，企业应当披露会计估计中所采用的关键假设和不确定因素的确定依据，这样有助于提高财务报表的可理解性。

对于会计估计的披露主要包括：坏账；存货遭受毁损、全部或部分陈旧过时；固定资产的使用年限与净残值；无形资产的受益期限；或有损失，等等。

另外，根据《企业会计准则第28号——会计政策、会计估计变更和差错更正》及其应用指南的规定，企业应当披露会计政策、会计估计变更和差错更正的有关情况。

5. 报表重要项目的说明

企业应当尽可能地以列表形式披露报表重要项目的说明，包括该项目的构成、当期增减变动情况等；并且，报表重要项目的明细金额合计，应当与报表项目金额相衔接。另外，在披露顺序上，报表重要项目的说明一般应当按照资产负债表、利润表、现金流量表、所有者权益变动表的顺序及其项目列示的顺序进行披露。

6. 其他需要说明的重要事项

其他需要说明的重要事项主要包括或有和承诺事项[1]、资产负债表日后非调整事项、关联方关系及其交易等，具体的披露要求须遵循相关准则的规定。

8.6.2 财务报表附注的披露要求

会计人员在编制财务报表附注时，既要保证披露内容的适当性，不能涉及企业的商业机密，也要保证财务报表的格式和内容前后一致。除此之外，财务报表附注的编制还应遵循以下三个基本要求：

①财务报表附注披露的内容应该是定量信息和定性信息的结合，即从量和质两个角度出发对企业的经济事项进行完整的反映，表现为明细资料和文字描述；

②财务报表附注应当按照一定的结构将信息进行系统、合理的排列和分类，并有顺序、有条理地披露信息；

[1] 或有和承诺事项：或有事项是指由过去的交易或者事项形成的，其结果须由某些未来事件的发生或不发生才能决定的不确定事项；承诺事项是指承诺必须执行且完成的事项。

③财务报表附注相关信息应当与资产负债表、利润表和现金流量表等财务报表中列示的项目互相参照。

实操笔记

【单选题】下列选项中，不属于财务报表附注应披露内容的是（　）。

A. 重要会计估计的说明　　B. 企业的基本情况

C. 报表重要项目的说明　　D. 其他财务报表的编制方法

答案：D

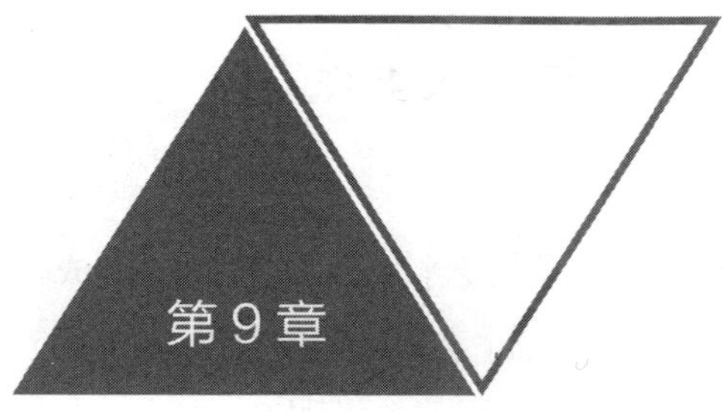

“疑难杂症”：做账难点

常言道，具体问题具体分析，面对做账中的一些“疑难杂症”，会计人员要学会“对症下药”。做账中常见的“疑难杂症”包括微信、支付宝交易做账难点，生育津贴做账难点，暂估入库做账难点及发票做账难点。

♻ 9.1 微信、支付宝交易做账难点

随着支付软件的推广和普及，越来越多的交易可直接在手机软件上完成，而这份快捷与便利却让会计小丽犯了难：微信和支付宝上的资金往来这么多，到底应该如何规范地做账呢？做账时又该以什么作为有效凭证呢？

其实，微信、支付宝等支付软件所形成的交易也有自己的做账标准，接下来将为大家详细讲解微信、支付宝交易的做账难点。

1. 微信、支付宝交易的会计分录

微信、支付宝支付作为非现金支付方式，会计人员在编写会计分录时，可以将其记入“其他货币资金”科目，在该科目下设二级明细科目即可。

在实际做账的过程中，微信、支付宝交易的会计分录大致包括以下三个方面：

（1）资金转入微信或支付宝余额

借：其他货币资金——微信 / 支付宝

　贷：银行存款

（2）用微信或支付宝余额购买货物

借：库存商品

　贷：其他货币资金——微信 / 支付宝

（3）从微信或支付宝提现

借：银行存款

　贷：其他货币资金——微信 / 支付宝

做账
小课堂

某企业账户没有存款，该企业的老板选择现金或微信、支付宝转账的方式发放工资，那么，对应的会计分录如下：

借：库存现金

　贷：其他应付款

借：应付职工薪酬

　贷：库存现金

2. 微信、支付宝交易的交易凭证

根据《企业所得税税前扣除凭证管理办法》第十四条的规定，企业在补开、换开发票、其他外部凭证过程中，因对方注销、撤销、依法被吊销营业执照、被税务机关认定为非正常户等特殊原因无法补开、换开发票、其他外部凭证的，可凭以下资料证实支出真实性后，其支出允许税前扣除：

①无法补开、换开发票、其他外部凭证原因的证明资料（包括工商注销、机构撤销、列入非正常经营户、破产公告等证明资料）；

②相关业务活动的合同或者协议；

③采用非现金方式支付的付款凭证；

④货物运输的证明资料；

⑤货物入库、出库内部凭证；

⑥企业会计核算记录以及其他资料。

前三项为必备资料，其中，采用非现金方式支付的付款凭证其实是一个相对宽泛的概念，既包括银行等金融机构的各类支付凭证，也包括微信、支付宝支付等第三方支付账单或支付凭证等。因此，在做账的过程中，如果会计人员是利用微信、支付宝等支付软件进行交易的，那么其可以将软件内的交易明细截图并打印出来作为做账的原始凭证，不过要注意的是，截图中须包含交易的详细信息，如金额、对方单位名称等。

3. 微信、支付宝交易的手续费

微信、支付宝等支付软件的提现操作还涉及一个重要问题——提现时手续费的扣除。例如，A 公司的会计人员通过微信收到客户转账 100 元，同时，他为客户开具了 100 元的发票，但最终提现时，实际到账是 99.9 元，因为被扣除了 0.1 元的手续费。这笔手续费的数额尽管不大，但其没有原始凭证，那么此时，A 公司该如何做账呢?

（1）开发票（这里暂时忽略税）

借：应收账款　　　　　　　　　100

　贷：主营业务收入　　　　　　　　　100

（2）收到交易金额

借：其他货币资金——微信　　　　100

　贷：应收账款　　　　　　　　　　　100

（3）提现到企业账户上

借：银行存款　　　　　　　　　99.9

　　财务费用——手续费　　　　　0.1

贷：其他货币资金——微信　　　　　　100

为了让账务处理更正式，A 公司的会计人员可以在相关凭证后面附上文字说明，比如，“微信扣除手续费，因金额较小而无法取得外部证据，特此说明。”然后请领导批复即可。

需要注意的是，如果此类交易较为频繁且金额较大，可以向微信、支付宝申请开具服务费发票作为交易凭证。

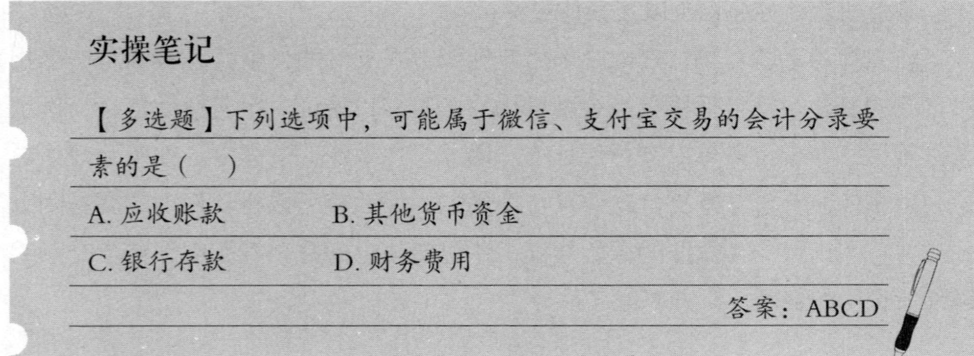

实操笔记

【多选题】下列选项中，可能属于微信、支付宝交易的会计分录要素的是（　）

A. 应收账款　　B. 其他货币资金

C. 银行存款　　D. 财务费用

答案：ABCD

9.2 生育津贴做账难点

A 公司的会计小王代表公司，替刚刚生完孩子的同事小张去社保机构申请了生育津贴，据票据显示，社保机构应向小张发放生育津贴 12 400 元，假设此为小张 120 天产假期内获得的所有生育津贴，那么可以推断出，用人单位月人均缴费基数为 3 100 元。另外，在小张休产假期间，A 公司需要按照规定向其发放每月 3 000 元的工资。现在社保机构的津贴已经到了 A 公司的账户上，那么，小王该如何做账呢？

在了解小王如何具体做账前，我们需要了解生育津贴。生育津贴是国家法律、法规规定对职业妇女因生育而离开工作岗位期间，给予的生活费用。如果企业给员工购买了一年以上的社保，那么员工在生完孩子后，社保机构就会给企业提供一笔生育津贴。如果生育津贴的金额高于员工产前工资标准，那么企业不得克扣；如果生育津贴的金额低于员工产前工资标准，那么其中差额则由企业补足。

做账小课堂

生育津贴的计算公式：生育津贴 = 用人单位月人均缴费基数 / 30× 产假天数

用人单位月人均缴费基数，其一般按照上一年所在城市员工月平均工资计算。但是，用人单位月人均缴费基数低于上一年所在城市员工月平均工资 60% 的，按照上一年所在城市员工月平均工资的 60% 计算；用人单位月缴费基数高于上一年所在城市员工月平均工资 300% 的，按照上一年所在城市员工月平均工资的 300% 计算。

了解过生育津贴及其计算公式之后，我们再来看看本节开头案例中的会计小王该如何做账。

（1）计提工资

借：管理费用　　12 000

　贷：应付职工薪酬——工资　　12 000

（2）发放工资

借：应付职工薪酬——工资　　12 000

　贷：银行存款　　12 000

（3）收到社保机构发放的生育津贴

借：银行存款　　12 400

　贷：管理费用　　12 000

　　其他应付款（差额部分）　　400

（4）补充发放生育津贴

借：其他应付款　　400

　贷：银行存款　　400

实操笔记

【写一写】生育津贴的计算公式是什么？请在下面写出来。

9.3 暂估入库做账难点

A 公司于 2019 年 8 月 15 日和 B 公司签订采购合同，要求 B 公司提供甲商品 100 件，每件商品的不含税价格为 1 000 元，税率为 13%，货到验收入库后付款。A 公司于 8 月 20 日收到 B 公司发来的甲商品 100 件，已验收入库，但尚未收到发票。A 公司于 8 月 26 日销售甲商品 30 件，此时，每件商品的不含税价格为 1 200 元，已收到款项。8 月 31 日，对于已验收入库且未收到发票的 100 件商品和已销售的 30 件商品进行暂估入库处理。现在不考虑其他因素，A 公司的会计人员应该如何做账？

在上述案例展现的交易过程中涉及暂估入库。暂估入库是指发生当月货物已验收入库，但在尚未取得增值税发票而不能准确核算入库成本时，为了核算该部分货到票未到的存货成本，在月末按暂估价入账的会计处理方式。

做账小课堂

暂估入库价值的确定规则：

①根据货物清单或相关采购合同协议上的金额入账；

②根据最近一次的采购价格入账；

③根据最近市场的公允价值入账；

④根据售价和预计成本率的乘积进行入账。

当出现暂估入库的情况时，存货入账价格应根据与销售方约定的取得发票类型的区分情况入账。取得增值税专用发票的应根据不含税价格入账，取得增值税普通发票的应根据含税价格入账。小规模纳税人应根据含税价格暂估入库。

根据上述暂估入库的含义及规则，本节开头案例中 A 公司的会计分录如下：

（1）8 月 26 日销售商品

借：银行存款　　40 680

　贷：主营业务收入——商品　　36 000

　　　应交税费——应交增值税（销项税额）　　4 680

（2）8 月 31 日暂估入库

已验收入库的 100 件商品，对应的会计分录下如：

借：库存商品——商品　　100 000

　贷：应付账款——暂估入库（B 公司）　　100 000

已经销售的 30 件商品，本月必须暂估入库，并结转为成本，对应的会计分录如下：

借：主营业务成本　　30 000

　贷：库存商品——商品　　30 000

（3）9 月初发票冲红

借：库存商品——商品　　100 000（红字）

　贷：应付账款——暂估入库（B 公司）　　100 000（红字）

（4）取得发票后

借：库存商品——商品　　100 000

　　应交税费——应交增值税（进项税额）　　13 000

　贷：应付账款——B 公司　　113 000

在处理暂估入库时，除了要留意对应的会计分录，还要注意以下四点：

1. 应付账款按供应商辅助核算

需要在应付账款中设置一个“暂估入库”的供应商，在做暂估入库处理的时候，就用这个辅助核算，而不是写实际的采购供应商。

2. 收到发票金额与暂估金额不一致的情况

当收到发票金额与暂估金额不一致时，应按实际发票金额调整销售成本。当暂估金额小于实际发票金额时，借记“主营业务成本”科目，贷记“库存商品”科目；当暂估金额大于实际发票金额时，则会计分录相反。

3. 设立暂估辅助备查账

暂估入库的核算一般要求“当月底暂估，下月初冲回”。但是为简化会计处理，会计人员都是在发票未到的当月月底暂估，发票到达时再冲回，而不必每月月初冲回，月底再暂估。在使用这种方法时，会计人员应设置备查账作为辅助核算，对估入的金额、户名等内容逐笔登记，以便发票到达时逐笔查找并划销。

4. 企业所得税影响

暂估货物在企业所得税季度预缴时暂未取得发票的，可按货物暂估价值核算；但在企业所得税汇税清缴期到期前仍不能取得的，相应的成本不得在企业所得税前扣除，应进行纳税调整。

实操笔记

【多选题】下列选项中，属于暂估入库价值确定规则的是（　）。

A. 根据货物清单或相关采购合同协议上的金额入账

B. 根据最近一次的采购价格入账

C. 根据最近市场的公允价值入账

D. 根据售价和预计成本率的乘积进行入账

答案：ABCD

9.4 发票做账难点

根据前文内容，我们已明确发票并不是会计人员做账的唯一凭证，但在会计人员做账的过程中，是否对不以发票为凭证的交易入账没有任何限制？事实并非如此，接下来我们将详细讨论：没有发票的企业业务，会计人员该如何处理？

1. 不需要发票即可做账的业务

发票是税前扣除凭证中的一种。根据《企业所得税税前扣除凭证管理办法》第二条的规定，税前扣除凭证是指企业在计算企业所得税应纳税所得额时，证明与取得收入有关的、合理的支出实际发生，并据以税前扣除的各类凭证。

我们前文中讲过税收管理一般是以票据为依据的，但也不必把发票视为唯一合法有效凭证。一般情况下，企业内部发生的业务及收付款业务，都可以不需要发票直接做账。不需要发票即可做账的业务一般有这些：工资计算和发放，附件为工资表、工资发放表、工资支付凭证；奖金、节假日礼金、补助等发放，附件为各种发放表；折旧计提，附件为折旧计算表；税金计算，附件为税金计算表；各种往来业务，附件为收付款凭据，如银行收付款回单、收据、请款单、借款单等；生产成本核算，附件为出库单、工时单、各种成本计算表、产成品统计表等；销售成本核算，附件为出库单、销售统计表等；无形资产摊销，附件为无形资产摊销表；低值易耗品核算，附件为低值易耗品领用表、摊销表；期末损益结转；年末处理。

在特定情况下，一些在企业外部发生的业务，仍然有其他证明支出、收入合理性的资料可以作为凭证，如员工出差的车票、机票、船票等。另外，政府部门和事业单位开具的行政事业收据[1]，也可以作为正式的财务报销凭证。

在实际的会计核算中，究竟哪些业务没有发票，或者不需要发票就可以做账呢？其实在《企业所得税税前扣除凭证管理办法》中就规定了三种不需要发

[1] 行政事业收据是指财政部门印制的盖有财政票据监制章的收付款凭证。

票即可做账的情形。

（1）小额零星业务

《企业所得税税前扣除凭证管理办法》第九条规定：“企业在境内发生的支出项目属于增值税应税项目（以下简称‘应税项目’）的，对方为已办理税务登记的增值税纳税人，其支出以发票（包括按照规定由税务机关代开的发票）作为税前扣除凭证；对方为依法无需办理税务登记的单位或者从事小额零星经营业务的个人，其支出以税务机关代开的发票或者收款凭证及内部凭证作为税前扣除凭证，收款凭证应载明收款单位名称、个人姓名及身份证号、支出项目、收款金额等相关信息。小额零星经营业务的判断标准是个人从事应税项目经营业务的销售额不超过增值税相关政策规定的起征点。税务总局对应税项目开具发票另有规定的，以规定的发票或者票据作为税前扣除凭证。”

（2）境外业务

《企业所得税税前扣除凭证管理办法》第十一条规定：“企业从境外购进货物或者劳务发生的支出，以对方开具的发票或者具有发票性质的收款凭证、相关税费缴纳凭证作为税前扣除凭证。”

（3）无法取得发票

《企业所得税税前扣除凭证管理办法》第十四条规定：“企业在补开、换开发票、其他外部凭证过程中，因对方注销、撤销、依法被吊销营业执照、被税务机关认定为非正常户等特殊原因无法补开、换开发票、其他外部凭证的，可凭以下资料证实支出真实性后，其支出允许税前扣除：（一）无法补开、换开发票、其他外部凭证原因的证明资料（包括工商注销、机构撤销、列入非正常经营户、破产公告等证明资料）；（二）相关业务活动的合同或者协议；（三）采用非现金方式支付的付款凭证；（四）货物运输的证明资料；（五）货物入库、出库内部凭证；（六）企业会计核算记录以及其他资料。”

2. 特殊情况的处理

在实际操作中，难免存在一些本应取得发票，但又确实无法取得发票的特殊情况，这种属于《企业所得税税前扣除凭证管理办法》第九条规定中的增值税应税项目情况，即其支出应以发票作为税前扣除凭证。那么，这种情况又该如何处理呢？

从企业内部的会计核算角度来讲，交易完成表示支付业务已经真实发生，均会有相关的资料予以佐证，因此，企业应在会计核算过程中如实反映、入账，并附上可以作为原始凭证的相关资料，必要时给予说明备注，否则，会导致企业的相关费用和资金核算不完整。

从税收管理的角度来讲，这种情况下的交易由于缺乏税法要求的允许税前扣除的凭证，即相关发票，因此，其无法进行正常的税前扣除，企业会计人员只能在对所得税进行汇算时，进行纳税调整。

综上而言，针对这种特殊情况，会计人员应在进行相关处理时，以支付凭证、合同、收据等资料为附件进行做账，但在汇算时进行相应的调增处理。

实操笔记

【写一写】你知道哪些情况是不需要发票就可以进行做账的吗？请至少写出三点。

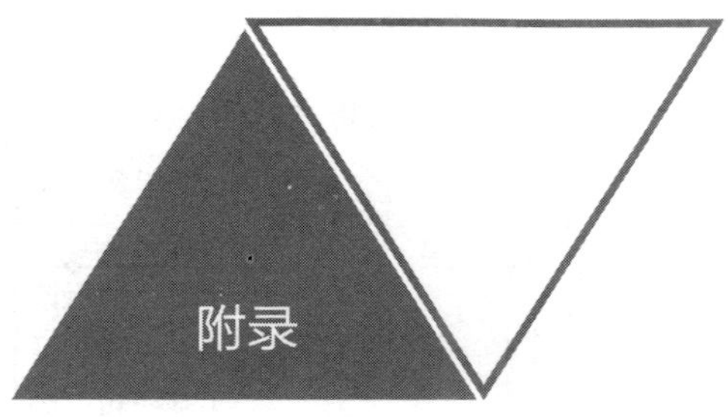

最新会计科目表（2020）

一、资产类

顺序号	编号	会计科目名称	会计科目适用范围	顺序号	编号	会计科目名称	会计科目适用范围
1	1001	库存现金		23	1251	贴现资产	银行专用
2	1002	银行存款		24	1301	贷款	银行和保险共用
3	1003	存放中央银行款项	银行专用	25	1302	贷款损失准备	银行和保险共用
4	1011	存放同业	银行专用	26	1311	代理兑付证券	银行和保险共用
5	1012	其他货币基金		27	1321	代理业务资产	
6	1021	结算备付金	证券专用	28	1401	材料采购	
7	1031	存出保证金	金融共用	29	1402	在途物资	
8	1051	拆出资金	金融共用	30	1403	原材料	
9	1101	交易性金融资产		31	1404	材料成本差异	
10	1111	买入返售金融资产	金融共用	32	1406	库存商品	
11	1121	应收票据		33	1407	发出商品	
12	1122	应收账款		34	1410	商品进销差价	
13	1123	预付账款		35	1411	委托加工物资	
14	1131	应收股利		36	1412	包装物及低值易耗品	
15	1132	应收利息		37	1421	消耗性生物资产	农业专用
16	1211	应收保户储金	保险专用	38	1431	周转材料	建造承包商专用
17	1221	应收代位追偿款	保险专用	39	1441	贵金属	银行专用
18	1222	应收分保账款	保险专用	40	1442	抵债资产	金融共用
19	1223	应收分保未到期责任准备金	保险专用	41	1451	损余物资	保险专用
20	1224	应收分保保险责任准备金	保险专用	42	1461	存货跌价准备	
21	1231	其他应收款		43	1501	待摊费用	
22	1241	坏账准备		44	1511	独立账户资产	保险专用

续表

顺序号	编号	会计科目名称	会计科目适用范围	顺序号	编号	会计科目名称	会计科目适用范围
45	1521	持有至到期投资		60	1611	融资租赁资产	租赁专用
46	1522	持有至到期投资减值准备		61	1612	未担保余值	租赁专用
47	1523	可供出售金融资产		62	1621	生产性生物资产	农业专用
48	1524	长期股权投资		63	1622	生产性生物资产累计折旧	农业专用
49	1525	长期股权投资减值准备		64	1623	公益性生物资产	农业专用
50	1526	投资性房地产		65	1631	油气资产	石油天然气开采专用
51	1531	长期应收款		66	1632	累计折耗	石油天然气开采专用
52	1541	未实现融资收益		67	1701	无形资产	
53	1551	存出资本保证金	保险专用	68	1702	累计摊销	
54	1601	固定资产		69	1703	无形资产减值准备	
55	1602	累计折旧		70	1711	商誉	
56	1603	固定资产减值准备		71	1801	长期待摊费用	
57	1604	在建工程		72	1811	递延所得税资产	
58	1605	工程物资		73	1901	待处理财产损溢	
59	1606	固定资产清理					

二、负债类

顺序号	编号	会计科目名称	会计科目适用范围	顺序号	编号	会计科目名称	会计科目适用范围
74	2001	短期借款		79	2012	吸收存款	银行专用
75	2002	存入保证金	金融共用	80	2021	贴现负债	银行专用
76	2003	拆入资金	金融共用	81	2101	交易性金融负债	
77	2004	向中央银行借款	银行专用	82	2111	卖出回购金融资产款	金融共用
78	2011	同业存放	银行专用	83	2201	应付票据	

续表

顺序号	编号	会计科目名称	会计科目适用范围	顺序号	编号	会计科目名称	会计科目适用范围
84	2202	应付账款		97	2401	预提费用	
85	2205	预收账款		98	2411	预计负债	
86	2211	应付职工薪酬		99	2501	递延收益	
87	2221	应交税费		100	2601	长期借款	
88	2231	应付股利		101	2602	长期债券	
89	2232	应付利息		102	2701	未到期责任准备金	保险专用
90	2241	其他应付款		103	2702	保险责任准备金	保险专用
91	2251	应付保户红利	保险专用	104	2711	保户储金	保险专用
92	2261	应付分保账款	保险专用	105	2721	独立账户负债	保险专用
93	2311	代理买卖证券款	证券专用	106	2801	长期应付款	
94	2312	代理承销证券款	证券和银行共用	107	2802	未确认融资费用	
95	2313	代理兑付证券款	证券和银行共用	108	2811	专项应付款	
96	2314	代理业务负债		109	2901	递延所得税负债	

三、共同类

顺序号	编号	会计科目名称	会计科目适用范围	顺序号	编号	会计科目名称	会计科目适用范围
110	3001	清算资金往来	银行专用	113	3201	套期工具	
111	3002	货币兑换	金融共用	114	3202	被套期项目	
112	3101	衍生工具					

四、所有者权益类

顺序号	编号	会计科目名称	会计科目适用范围	顺序号	编号	会计科目名称	会计科目适用范围
115	4001	实收资本		117	4101	盈余公积	
116	4002	资本公积		118	4102	一般风险准备	金融共用

续表

顺序号	编号	会计科目名称	会计科目适用范围	顺序号	编号	会计科目名称	会计科目适用范围
119	4103	本年利润		121	4201	库存股	
120	4104	利润分配					

五、成本类

顺序号	编号	会计科目名称	会计科目适用范围	顺序号	编号	会计科目名称	会计科目适用范围
122	5001	生产成本		126	5401	工程施工	建造承包商专用
123	5101	制造费用		127	5402	工程结算	建造承包商专用
124	5201	劳务成本		128	5403	机械作业	建造承包商专用
125	5301	研发支出					

六、损益类

顺序号	编号	会计科目名称	会计科目适用范围	顺序号	编号	会计科目名称	会计科目适用范围
129	6001	主营业务收入		140	6202	摊回赔付支出	保险专用
130	6011	利息收入	金融共用	141	6203	摊回分保费用	保险专用
131	6021	手续费及佣金收入	金融共用	142	6301	营业外收入	
132	6031	保费收入	保险专用	143	6401	主营业务成本	
133	6032	分保费收入	保险专用	144	6402	其他业务成本	
134	6041	租赁收入	租赁专用	145	6405	营业税金及附加	
135	6051	其他业务收入		146	6411	利息支出	金融共用
136	6061	汇兑损益	金融专用	147	6421	手续费及佣金支出	金融共用
137	6101	公允价值变动损益		148	6501	提取未到期责任准备金	保险专用
138	6111	投资收益		149	6502	提取保险责任准备金	保险专用
139	6201	摊回保险责任准备金	保险专用	150	6511	赔付支出	保险专用

续表

顺序号	编号	会计科目名称	会计科目适用范围	顺序号	编号	会计科目名称	会计科目适用范围
151	6521	保单红利支出	保险专用	157	6603	财务费用	
152	6531	退保金	保险专用	158	6604	勘探费用	
153	6541	分出保费	保险专用	159	6701	资产减值损失	
154	6542	分保费用	保险专用	160	6711	营业外支出	
155	6601	销售费用		161	6801	所得税费用	
156	6602	管理费用		162	6901	以前年度损益调整	

参考文献

[1] 王德敏. 实账实战演练：跟我学做账 [M]. 北京：化学工业出版社，2017.

[2] 刘其冰. 做账新手实务百宝箱 [M]. 北京：电子工业出版社，2017.

[3] 平准，赵丽霞. 会计·出纳·做账·纳税·财务分析岗位实战 [M]. 北京：人民邮电出版社，2019.

[4] 黄孟丽. 老会计手把手教你做业务：从建账菜鸟到做账高手 [M]. 石家庄：河北科学技术出版社，2015.

[5] 文杨. 一本书读懂财务报表——财务报表分析从入门到精通 [M]. 北京：中国华侨出版社，2014.